U0483464

营销就是会讲故事

吆喝

张宏裕 | 著

北京时代华文书局

图书在版编目（CIP）数据

吆喝：营销就是会讲故事 / 张宏裕著．-- 北京 ：北京时代华文书局，2018.12
ISBN 978-7-5699-2739-9

Ⅰ．①吆… Ⅱ．①张… Ⅲ．①营销－通俗读物 Ⅳ．①F713.5-49

中国版本图书馆 CIP 数据核字（2018）第 260724 号

北京市版权著作权合同登记号 字：01-2017-3883

吆喝：营销就是会讲故事

Yaohe:Yingxiao Jiu Shi Hui Jiang Gushi

著　　者 | 张宏裕

出 版 人 | 王训海
选题策划 | 胡俊生
责任编辑 | 周　磊　邹　红
装帧设计 | 程　慧　赵芝英
责任印制 | 刘　银

出版发行 | 北京时代华文书局 http://www.bjsdsj.com.cn
北京市东城区安定门外大街 138 号皇城国际大厦 A 座 8 楼
邮编：100011　电话：010-64267955　64267677
印　　刷 | 固安县京平诚乾印刷有限公司　0316-6170166
（如发现印装质量问题，请与印刷厂联系调换）
开　　本 | 710mm×1000mm　1/16　印　　张 | 12　字　　数 | 151 千字
版　　次 | 2019 年 2 月第 1 版　印　　次 | 2019 年 2 月第 1 次印刷
书　　号 | ISBN 978-7-5699-2739-9
定　　价 | 48.00 元

本书愿献给

所有通过故事传扬“真、善、美”价值的人，

一起活出美好！

推荐序

想做好营销，请说一个动人的好故事

——《动脑》杂志社社长　王彩云

几年前就有读者向我们反映，《动脑》中关于营销的部分文字太过生硬，不容易读。我们编辑小组当即就做出决定，讲营销先从说故事开始，让每一个和封面主题相关的案例，都能打动人心。

在2016年11月的《动脑》中，谈及“通路营销再进化：无店铺经营之道”时我们分享了这样一个故事。有一家名为江崎固力果的日本大型糖果糕点公司，通过消费者调查发现，办公室是仅次于家的日本民众频繁吃零食的地点。于是，这家公司就把他们的销售点设在每一家企业的办公室里。具体做法是，在各个公司的办公室里，安装一个小型的三层收纳柜或迷你冰箱，固力果的员工会定期检查柜子里的商品，进行补充或更换。

因为固力果的员工经常需要巡店补货，所以员工四处奔走的形象逐渐深入人心。在一个特殊的契机之下，公司以员工为模板设计出了江崎固力果“跑跑先生”这样一个人物造型。

这样的靠故事来成功营销的案例还有很多，在大众传媒无孔不入的今天，消费者已经对电视上大同小异的广告失去了兴趣。一家企业想要更好地销售自己的商品，它们就必须想出一个感动人的好故事，以此来吸引消费者。

很高兴能够看到张宏裕先生的作品，他以丰富的感性情怀为笔调，写了本书，让我们都能成为“新一千零一夜”中听故事的人。宏裕先生将故事营销的范畴延伸至人格、理念、商品、服务和品牌上，用故事营销来赋予产品意义，使顾客对之产生情感连接与兴趣。

这和雅虎最新推出的原生广告（Native Ads）有异曲同工之妙，因为Native Ads的核心理念实际上也就是“与其做广告营销自己，不如用一个好故事作为沟通与说服的工具，增加商品销售利润并建立品牌形象”。

但愿所有的品牌，都有一颗洞察消费者的心，在营销自己品牌时，能说一个感动人心的好故事，让消费者心动并行动！

推荐序

让我们一起找回说故事的魔力

——国际童书作家与插画家协会台湾分会会长　严淑女

身为一个童书作家，我经常为孩子写故事、讲故事。不管在繁忙都市还是宁静乡村，不管在国内还是国外，我发现所有的大人、小孩都爱听故事。那一双双专注、微笑的眼睛，都是因为故事施展了魔力。而“说故事”是上天赐给人类的独特能力，从远古在火炉边说的故事，到阿拉伯那个用“一千零一夜的故事”拯救无数生命的女孩。故事拥有的神奇魔力，让说故事、听故事的人在特殊的氛围、时空中，一起欢笑、落泪，这种奇妙的情感交流，因触动心灵而使得彼此更为贴近。

很高兴看到这本书，书里的几十个小故事，让我们轻松回归本真，从听故事中学会最真诚的分享。各行各业的人在这本书中都能找到适合自己的故事，并把它们应用在自己的专业领域和日常生活之中。同时，这本书也打破了固有的模式，让故事生活化并丰富听书人的生命。这本书自然地融合了说故事理论、实务和故事图卡，让我们在学习说故事的诀窍和写故事的技巧的同时，轻松地将故事所传达的真理运用到生活中。读来轻松却发人深省，这是这本书不同于其他营销书籍的独特之处。

故事在这个时代的重要性可以由一句话来体现："故事活化我们的右脑，让我们成为高感性、高关怀的人。"我们一直在思考，如何借由打动人心的故事，丰富自己和别人的生命。从事情绪教育工作二十年的EQ（Emotional Quotient，情商）大师丹尼尔·戈尔曼提出，在史上第一个"分心时代"，3C（3C指的是计算机Computer、通信Communication、消费类电子Cousumer Electronics）科技产品充斥着我们的生活。大人和孩子的情绪每时每刻都受到影响，人们无法体察自己的情绪，也没有办法了解别人的情感、关心别人的生活。我们无法拥有良好的人际关系，在网络讯息短、频、快的"认知超载"中，无法静心观察、欣赏、创造美的事物，也无法成为一个感性、能够体察生命之美的人。

因此，让我们从说故事这个远古人类就具有的本能开始，放下你身边的手机，专注地看着你身边的人，开始施展说故事的魔力。说故事是一种分享性的行为，有了这种想和别人一起分享美好事物的真心，才能打动别人，从而创造更多的连接与机遇。让我们跟着"新一千零一夜"的说故事人张宏裕，一起找回说故事的魔力。

自 序

期盼一只会回头看你的老虎

——说故事，激发温暖的感性情怀

如果我们曾经在一起度过了许多的艰难险阻，

历经了春夏秋冬的风风雨雨，

过程中总该培养了一些深厚的感情吧！

离别时，你会回头看我一眼吗？

电影《少年派的奇幻漂流》讲述了一位印度男孩与一只孟加拉虎在太平洋的一艘小船上共同生存的故事。其中有一幕让我印象很深刻，经过了两百多天怒海狂涛的相处后，少年派与老虎漂流到了小岛上，两者即将要分别。少年派眼睁睁看着老虎一步步迈入丛林，离他远去，心中悸动不已。他多么希望老虎会回头，哪怕只是再看自己一眼，他也会感到满足。他心想，我们一起经历过那么多的艰难险阻。在海上，你饿了我捕鱼给你吃，你渴了我舀水给你喝，在这些日日夜夜的相处中，总该培养了一点感情吧！少年派在心中默念："快回头！快回头吧！我相信你会回头的。"他呐喊着、渴望着，期盼老虎会回头看自己一眼。然而，老虎头也不回地走进丛林中，少年派感到了失望。

怎样面对突如其来的曲终人散?

身为培训顾问与演讲者，我开展过数百场次的培训与演讲，与台下学员共同度过分分秒秒的时间。每当曲终人散时，我不免感到惆怅。因为或许一生就只有这一次的机缘，所以更加珍惜每一次与学员聚在一起的缘分。我要的不多，每一次下课离去时有学员能够回头看我一眼，或说一声感谢，我的心也就满足了。有的时候，有些学员会在即将分别的时候与我交谈，向我表示感谢，或者给我留下联络信息。他们不知道这一个动作、一个眼神、一句道谢，对我而言，就像少年派期盼那只老虎能够回头看自己一眼一样，那么热切而令人感动。

后来，我发现那些会回头与我攀谈致谢的学生，他们大多从事的是服务类或者咨询类的工作，且他们多半很容易展现出“脸笑、嘴甜、腰软、手脚快”的感性情怀特质。或许因为他们平常已经习惯与人互动接触，所以才能自然流露出有温度的情感。

当然也不乏许多上完课头也不回漠然离去的学生，他们就像那只不会回头看你的老虎。正如船过水无痕一样，仿佛他们从我这里所接受的一切都是应得的。当然，我从他们哪里感受到的情感，也是没有温度的。这些人的表现让我想起这样一句话：爱的背面不是仇恨，而是冷漠。

在工作与生活的情境中，老虎就好像与你“不打不相识”的伙伴，需要一段时间的沟通和磨合。如果有一只曾与你经历春夏秋冬的老虎，你是否会热切地期盼它在分离的时刻回头看你一眼呢?

对于家庭的“父母”，那只会回头看你的老虎可能就是善解人意的“儿女”。

对于学校的“老师”，那只会回头看你的老虎可能就是热情参与的“学生”。

对于职场的“主管”，那只会回头看你的老虎可能就是积极投入的“下属”。

对于国家的“政府”，那只会回头看你的老虎可能就是懂得感恩的“百姓”。

最后，是否也该让自己成为一只会回头的老虎呢？

那只会回头的老虎，应该具有一种温暖的感性情怀吧！

你的人生，就是你的故事——人生，要活对故事

多年前的一个周末下午，我去医院探望一位朋友的父亲，我去的时候，老人家身上插着管子躺在病床上，他不能说话但会用眼睛的余光示意欢迎我们的到来。简单的问候之后，我离开了医院。回程的路上我在想，每个人在生命的尽头，都要独自在病床上度过，那时身体已经日渐衰残，但精神意识或许犹能保持清醒。这种时候，在心灵上，有谁能陪你度过漫漫长夜里的荒芜岁月呢？也许，我们剩下的只有回忆里无尽的故事。

我曾看到过这样一句话：“我们一生的年日是七十岁，若是强壮可到八十岁；但其中所矜夸的，不过是劳苦愁烦，转眼成空，我们便如飞而去。”不管是七十岁还是八十岁，人生暮年若没有故事可回忆，晚景会不会很悲凉呢？这样的想法让我开始拥抱故事，直到现在。

故事中有悲欢离合，但说完了故事，总要奋勇昂扬地迎接明天，告诉自己：人生要活对故事！就像电影《飘》的女主角在最后一幕说的：“Tomorrow is another day！”（明天是新的一天）。人类与生俱来有“说故事”的能力，故事可以唤起我们相对薄弱的“感性情怀”，如：破冰（在尴尬的场景下给自己和他人找台

阶下)、想象力、幽默感、同理心和积极思考的能力。

2013年最动人心弦的微电影广告，当属内存厂商金士顿(Kingston)推出的《记忆月台》(*A Memory to Remember*)，我看了三次，每看一次都要哭一遍。金士顿由两位华人创办，虽然影片的最终目的是想销售科技产品“随身碟”，但他们选择通过改编一个真实故事的方式来与消费者沟通。故事最后传递的讯息是“时光虽逝，记忆犹存，记忆是趟旅程，我们在同一时间上了列车，却在不同时间下车。然而，记忆不曾下车。记忆，永远都在”。后来他们又拍了《当不掉的记忆》，继续说故事，依旧感动人心。再后来，我买了六个随身碟，都是金士顿的产品，因为故事唤起了我情感认同的价值连接。

2013年，大众银行改编、拍摄了《不老骑士》的影片，让人笑泪交织。五个平均年龄八十一岁的病人，勇敢逐梦。他们展开了为期十三天、全程长达1139千米的环岛机车之旅，故事传递出“不平凡的平凡大众”、“热血追梦、今天开始”的理念。

台湾导演齐柏林，喜欢借由镜头说故事，用二十年的坚持与深情，制作了《我的心，我的眼，看见台湾》这一影片。除此之外，还有纪录片《老鹰想飞》的导演梁皆得，耗时二十三年，记录了“老鹰先生”沈振中的故事，向我们传递“救老鹰也是救人类自己”的理念。还有被称为“天堂掉落凡间的天使”的公益少女沈芯菱，她以爱心、热心和信心，通过行动说故事。

这些从听者的角度来说故事的案例，隐含了故事营销三元素：说明人物与情境、描述冲突与问题、提出对策与价值。故事好比探险的旅程，需要有山谷山峰的转折点，需要“峰回路转”这一解决问题的过程。

在他们的故事里，我们看到：“人生，要活对故事。”世界快，心则慢。故事就是休息站，让纷乱的心沉淀。世事纷乱、人心惶惶，在这个年代，我们陷入无止境的“忙、盲、茫”。当世界弥漫的尽是功利主义、八卦煽惑、受欢迎却不值得尊敬的事物时，人们自然而然就会变得市侩且冷漠。

故事是经过情感包装的事实或情境，它传扬了真善美的价值，驱使我们采取行动，改变我们所处的世界，让世界变得更美好。“先说故事，再讲道理”，故事本身就是激励、引导、沟通和说服的最佳工具。“故事营销”即是赋予产品意义、典故、历史及人文内涵，使顾客与之产生情感连接、想象与兴趣。让“故事”成为沟通与说服的工具，既可增加商品销售利润，亦可建立品牌形象。

我基于梦想与使命，成立“故事方舟文创工坊”，宣扬“故事营销”的理念与技巧，期盼创建一个美好的故事世界，让人们拥有有温度的情感。同时，我也响应台湾文化事务主管部门推广“国民记忆数据库”的号召，致力于将台湾打造成为“新一千零一夜——故事岛”，保存大家的美好记忆。

说故事帮你：抒发感性情怀。
说故事帮你：传递梦想理念。
说故事帮你：凸显商品价值。
说故事帮你：打造文化创意。
今夜，让我们开始说故事吧！

目录 CONTENTS

第三章　说故事营销的力量

第四章　领导，活用你的故事力

第五章　说出文创软实力

第六章　人生，要活对故事

第一章

故事说出高感性、高关怀

构成宇宙的是一个个故事，

而不是原子。

——犹太裔美国诗人弥瑞尔·卢奇瑟（Muriel Rukeyser）

01 “新一千零一夜”说故事人

在远古时期的洞穴里，部落族长和族人围坐在营火旁，族中的长者徐徐讲述着祖先的英勇事迹，虔诚地将具有意义的仪式与生活经验传授给族人。从那时起，人类已经开始借由说故事的方式来认知身处的世界，化解对未知的担忧和生活的挣扎。

《一千零一夜》是一个美丽的传说。相传有一位国王，因王后行为不端而将其杀死，此后性情变得残暴，每日娶一少女，翌日清晨即杀掉。宰相的女儿山鲁佐德，为拯救无辜的女子，自愿嫁给了国王。山鲁佐德每晚为国王讲故事，每当讲到最精彩之处，天也刚好亮了，聪明的她总是就此暂停，让国王欲罢不能地期待故事后续发展。如此不知不觉过了一千零一夜，国王终于醒悟，停止了他的暴行。

在《一千零一夜》里，宰相的女儿借由说故事拯救了诸多无辜性命。在“新一千零一夜”的现实中，父母可以借由说故事挽救亲子的感情；恋人可以借由说故事绘出梦想；失恋的人可以借由说故事疗愈伤痛；主管可以借由说故事启发下属；营销人员可以借由说故事售出滞销商品，创造销售奇迹；而老年人也可以借由讲故事来回忆往昔，找到活下去的希望和信心。

我曾看过一篇报道：美国中央车站的一个角落有个四方小屋，任何民众都可以进入这个小屋，花十美元，即可录制一段广播级高质量的故事。日本也有类似的“听故事人”（并非心理咨询师），他们在人行道上竖立牌子，表示愿意听路人说故事，借以抚慰孤独寂寞的心。TED（指Technology、Entertainment、Design，即技术、娱乐、设计）演讲也是一个故事平台，汇集了不同领域工作的人，让他们利用短短十多分钟说出动人故事。

故事本身就是激励、引导、告知和说服的最佳工具。故事活化人们的右脑，让我们成为高感性、高关怀的人。

◆**高感性：**指的是观察趋势和机会，以创造优美、感动人心的作品。编织引人入胜的故事，结合看似不相干的概念，转化为新事物的能力。

◆**高关怀：**指的是体察他人情感，洞悉人与人的微妙互动，懂得为自己与他人寻找喜乐，在繁琐俗务间发掘意义与目的的能力。

科学家说，宇宙是由一个个的原子组成。诗人却说，宇宙是由一个个的故事组成。神话故事中神创造了天与地，创造了伊甸园的亚当和夏娃，创造了世间万物。小的时候，我们也在父母的怀抱中听过愚公移山、夸父追日、后羿射日、嫦娥奔月、守株待兔的故事。

故事之所以让人难忘，是因为它让听故事的人生出了感性的情怀，故事中的激情、英雄、敌人、觉醒、转变等因素，调动出听者的真情实感，让人听起来心动并且愿意马上行动，让世界变得像故事里那样丰富。

让“故事方舟”起航，展开一次又一次的奇幻之旅！“故事方舟”载满了“新一千零一夜”的说故事人，他们都是喜欢说故事、听故事、看故事、写故事的人，他们都有高感性、高关怀的特质。

故事撒下希望种子；故事点燃梦想天灯；故事画出幸福彩虹。

02 先说故事，再讲道理

故事拥有“破冰”的力量，让听者卸下冷漠、打开心防，进而开启“视、听、触、嗅、味”五种感官。让听者看到画面、听到声音，仿佛身临其境，真实感受故事人生。听完一个故事，再把它分享给别人，让故事背后的价值得以传递。你会发现，同一个故事，可以有千般解读、万般情怀。

有一回，我在上台进行“故事营销”的公开授课前，随意瞥了一眼学生名单，发现名单中竟然有一位家喻户晓的作家与演讲家（著作上百本，演讲上千场）的名字。我心里觉得很纳闷，不知道这位大名鼎鼎的人物是无意为之还是故意想来踢馆。虽然我也自诩为一名作家与演讲家（著作七本，演讲上百场），但真让我站在他的面前这样介绍自己，实在是有些惶恐。略加思索后，我决定用讲故事的方式来介绍自己。以职场的亲身经历“生命中的贵人”这个故事作为开场。

初生之犊不畏虎

三十一岁之前，我是一家小公司的业务经理。三十一岁之后，我对安逸的生活感到不满足，想要去迎接更高的挑战。我去了一家心所向往的大公司，应聘通讯产品营销的工作，并且顺利地进入了这家公司。直属主管在热烈的欢迎会后，严肃地告知我公司的规定和制度。其中有一项规定是这样的：公司不论职位大小，全部职员每个月都要撰写月报，在汇报日，站在台上当着所有人的面汇报自己当月的工作，严格虚心的检视自己的工作绩效。主管嘱咐我先实习一段时间，之后就要好好投入工作并准备自己的月度汇报。我心想，自己虽没有玉树临风的外貌，却也是个翩翩君子；虽没有口若悬河的能力，却也深谙报告的撰写技巧。因此，抱着平常心，淡漠的等待那一天的到来。

啼声初试的那一天是八月初的盛夏，下午三点半，终于轮到我上台报告。台下端坐着高管团队及同事。我站在台上，心想“初生之犊不畏虎”，不断用“凡事尽其在我，但求无愧于心”为自己加油打气。约莫报告了十五分钟，我突然感觉背脊凉凉！

平地一声雷的震撼教育

原来，台下端坐的总经理一直在用审视的目光看着我。他打断了我的报告，并问道：“你的市场策略是如此草率的思考吗？你的产品策略是如此轻易拟定的吗？”他的话语像不断发射的子弹一样向我冲来，我站在台上一脸惶恐，手足无措。他还在等我的回答，而此刻我的脑子里已经一片空白了。我只能随口敷衍，没想到我的回答不仅没有让总经理高抬贵手，反而激怒了邻座的副总经理，他立刻加入了“炮轰”的阵营。我的一颗心就像泰坦尼克号撞上冰山，不断地往下沉。

那一刻我已万念俱灰。我用拜托的眼神，望向那最后的滩头堡——我的直属主管。然而，他并没有像故事里的英雄那样对我施以援手，反而不假思索地补上“一颗榴弹炮”，朝我的方向丢过来。他看着我，对我说：“宏裕！经理所言甚是，你的产品策略若是如此轻易拟定，你的目标执行也不会有任何积极的作为。”

此刻我木然站在台上，自尊心扫地，感到莫大的羞辱，我这艘铁泰坦尼克最终完全沉入海底。我不记得那场月报是如何结束的，短短半小时的轰炸好像一个世纪般漫长。当月报结束时，我并没有走回座位，而是缓缓走进人事部门领取了一张表格：离职单。

主管看到了这一幕，把我叫过去。他对我说：“宏裕，我知道你今天很受伤，心里一定很难过。可是我想问你，你第一天进入公司时，有没有注意到办公室门上左、右两幅标语呢？”

我说：“报告主管，我好像记得。”

他问我说：“左联是什么？”

我说：“赢得信赖是一种责任，也是一种荣誉。”

他问我说：“赢得谁的信赖？”

我说：“赢得主管、同事、下属、客户，还有所有关联的三百六十度利益关系人的信赖。”

他接着说：“很好，那么右联是什么？”

我说：“雅纳批评是一种智慧，也是一种勇气。”

他问我说：“雅纳谁的批评？”

我说：“雅纳主管、同事、下属、客户，还有所有关联的三百六十度利益关系人的批评。”

他话锋一转，严肃地说：“宏裕！你就是没有这种智慧与勇气，接受我们对你的批评。”

我乍一听觉得丈二和尚摸不着头脑，没想到他用这样的方式取代温柔话语的安慰。

我说：“谢谢您的教诲，我会重新修正月报的内容与方向，再请您指正。”

回到座位后，我立刻打开抽屉将“离职单”放了进去，这一放就放了将近八年。

若要人前显贵，必先人后受罪

因为这个冲击，激发出我不服输的斗志，心想若贸然因为领导指责就离职，我到哪一家公司都不行。所以我要证明给主管看，我是行的！当天晚上我在工作日志中写下一句话：若要人前显贵，必先人后受罪。从第二天开始我调整心态，投入工作。每次都提前两周的时间准备月报，在工作中搜集各种需要的资料，向周围的人虚心求教，将做出的计划进行沙盘推演。经过一段时间的努力，我的工作开始有了成效，在月报会上渐入佳境，赢得了主管与同事的信赖。

八年后，由于工作目标和方向的改变，我离开了这家公司。当年的圣诞节，我分别寄了三张祝福的卡片给当初在第一次月报会上批评我的三位领导。三张卡片上都只有一句话：“谢谢你，我生命中的贵人。”

故事说到这里就告一段落了，接着我请在场的听众写下听完故事后的一句心得。这时，我注意到，那位坐在台下的大人物竟然也在与大家热烈地讨论，并且回应我的引导。感受到大家的热情，我逐渐放下了担心，也在不知不觉间拉近了与观众的距离。

个人经历的故事，不需勉强编造，也不需矫情修饰，而是会更加情真意切，更容易娓娓道来。可以从最快乐、最痛苦、最害怕、最尴尬、最骄傲、最惶恐等经验切入，这样的“单点突破”，让故事原型自然浮现。个人经历的故事，不一定要勉强别人说出来，因为有时候那段记忆可能是刺痛的或敏感的。因此，在听故事之前，我们必须营造一个让说者感到温馨、信赖、安全的氛围。

☑ 故事管理工具：今朝且看我

运用下面“说一个亲身经历的故事”工具栏，写下实际案例：

❶ 说一个可以激励人心的故事，如：崇拜的人、回忆的事件、非凡的成就。

❷ 说一个自己遭遇尴尬笨拙的局面、愚蠢的做法、失败的经验。

❸ 说一个自己遭遇命运改变的震撼事件、重大变迁、独特的经验。

❹ 说一个在你的组织或工作场合中，有趣或遗憾的事件，组织重大变革过程中面临冲击的经验。

03 故事引导的三部曲

好的故事能够引人入胜，归功于引导的三部曲：感性吸引、理性强化、激起行动。这三部曲的核心在于TTI，即说故事的三个关键点：引爆点（Tipping point）、转折点（Turning point）、价值启发点（Inspired point）。

就像写文章的起、承、转、合一样，准备说一个故事之前，也可以试着将这个故事TTI结构化。正所谓："纲举目张"，说故事也要掌握TTI关键点。

◆**引爆点：**九十秒内引人入胜，让人有一探究竟的欲望。

◆**转折点：**将个人情感与内心矛盾投射到故事中，使得故事高潮迭起，令人拍案叫绝，好像坐过山车，让人惊声尖笑或者动情大哭。

◆**价值启发点：**点出想要传达的精神与态度，带出自己的个性与信念，提供价值点，引人深思。

此外，赋予这个故事一个名称，让主题更加明确鲜活。最后，再以TTI三段落的方式加上副标题，更容易让听者进入你所铺陈的情境。

以前文我的亲身经历为例，"生命中的贵人"就是故事的题目，而三段落的副标题则分别是：初生之犊不畏虎；平地一声雷的震撼教育；若要人前显贵，必先

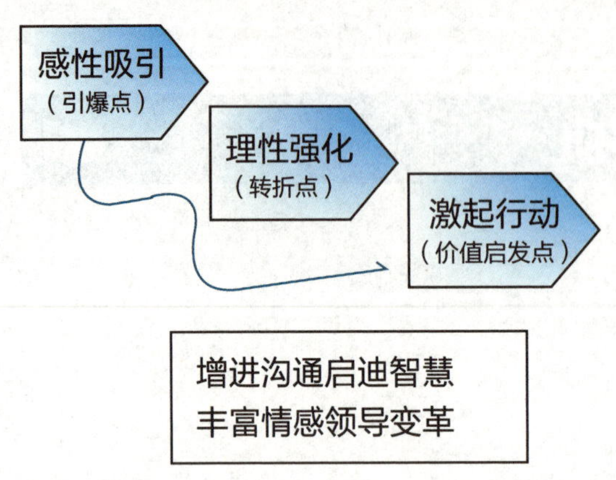

人后受罪。故事结尾，说故事人可以从“价值启发点”检视心路历程，并传达综合与多元的理念。

仍以前文为例，事隔多年，回想当时，基于个人自尊心与面子问题，第一次遇到这种主管严厉诘问的场景，我当时实在难以接受，甚至心中起疑为何如此具规模的公司，主管与下属互动的方式会是如此直接与赤裸。

但或许正是应了该企业的标语——赢得信赖是一种责任，也是一种荣誉；雅纳批评是一种智慧，也是一种勇气。标语阐明了此企业对事不对人、要求质量的公司文化。再加上主管们当头棒喝、弹射臧否的方式，才让我快速成长。后来的月度汇报，我虽然战战兢兢，如履薄冰，但表现却越来越沉着，能力与投入度都显著提升。

回想当初，部门主管虽然在会议中对我表示质疑，但实际上他是用心良苦，用这种方式替我解围。就像孩子犯错，父母教训自家的孩子给别人看，别人看到小孩已受管教，便不好意思再苛责一样。

在每个人的生命里都会出现三种贵人：曾经伤害我的人，他帮我快速成长；有恩于我的人，他助我平步青云；我亏欠他的人，他让我懂得付出。其实，还有第四种贵人：那些与我素昧平生的人，却在不经意的时刻，伸出援助之手，对他人付出爱和关怀。哪怕只是点滴付出，却实为难忘之恩。那些与我素昧平生的人，让我学会了付出，学会了爱，他们也是我生命中的贵人。

“价值启发点”是故事想要传达的精神与态度，标记着说故事人的个性与信念。当故事里的人再次通过故事检视过往的心路历程，部分疗愈（therapy）的功效也可能隐然产生。

故事管理工具：TTI结构

运用下面的工具栏，把你的故事结构化，掌握节奏。

1. 引爆点（Tipping point）

____

____

2. 转折点（Turning point）

____

____

3. 价值启发点（Inspired point）

____

____

04 短故事精准聚焦，引发深刻的启示 

好故事不一定要长。短故事“小而美”，是凝炼智慧、引发感悟的精彩浓缩。因为要在极短的篇幅里完成故事的铺陈，内容必须精练，张力与冲击却一点也不能少。

Less is more（短即是多），这是说故事首先要掌握的精髓。否则,话匣子一开，后续却无力，就会造成易放难收的现象。下面我们来讲四则短故事。

故事1

春秋战国时期，有位夫子备了很多物品打算前往位于南方的楚国，他向路人问路，路人答：“此路非往楚国。”

夫子说：“我的马很壮，没关系。”

路人又再强调这不是去楚国的方向。

夫子依然固执地说：“我的车很坚固。”

路人只好叹息地说：“马壮车好，不如方向对！”

这则小故事可隐喻为时间管理中，“墙上时钟”与“心中罗盘”的对比。“马壮车好”表示我们的眼光总是放在“墙上的时钟”上。“墙上的时钟”代表的是承诺、时间表、目标，也就是我们的做事方法。但是极有可能，我们正走向一个错误的方向，可能瞎忙一通，分不清楚事情的重要性和急迫性，最后陷入所谓的“忙、盲、茫”。“方向对”表示我们的耳朵会听到“心中的罗盘”。“心中的罗盘”代表的是远见、价值、原则、信念、良知、方向等，也就是我们的价值观与生活方式。“方向对”表示我们愿意倾听内心驱动的呼唤。

想一想哪些是人生最重要的事情？这些最重要的事情可能是除了“名利、地位、财富”之外的东西，比如说：爱、影响力、学习。这些最重要的事情，要通过自觉来感知，良知来反省，意志力去贯彻，创造力去启发。

故事2：以客为尊

公元1071年（熙宁四年），苏轼任杭州通判官已经三年。在这三年间，他常常微服出巡，探查民情。有一日，苏轼来到某寺游玩，寺内有方丈与小沙弥。方丈并不知来客底细，随口招呼：“坐”，并吩咐小沙弥：“茶”。

一番晤谈后，方丈觉得此人相貌出众、谈吐不凡，必非等闲之辈。方丈于是改口招呼：“请坐。”并吩咐小沙弥：“泡茶”。再经细谈，才知是鼎鼎大名的地方官。方丈急忙起座恭请道：“请上座。”并高声吩咐小沙弥：“泡好茶”。

临别时，方丈取出文房四宝向苏轼乞字留念。苏轼爽快答应，信手写下一副对联，上联是“坐请坐请上座”，下联是“茶泡茶泡好茶”。

方丈看后一脸羞愧，尴尬不已。

此则故事来源于民间传说，有一说为清朝郑板桥，另一说为曾国藩，内容大同小异，只不过人物不同罢了。

此则故事可隐喻为服务业“以客为尊”的态度，或顾客关系管理的顾客关系发展阶段：可能顾客、潜在顾客、首次购买顾客、重复购买顾客、客户、拥护者、会员、伙伴。由此可见短故事的巧妙隐喻，更加发人深省。

故事3：个性决定格局

日本战国时代有三个霸主，织田信长、丰臣秀吉、德川家康。某日傍晚，三人齐聚醍醐寺饮酒作乐，身旁的人告诉他们寺里有可爱的夜莺，在夜将来临之时会发出优美的叫声。时间分秒过去，当暗夜来临之时，三人却未听到夜莺的叫声。

织田信长感到愤怒，他皱着眉头说：“如果夜莺该啼而不啼，我会‘逼’夜莺啼，否则我就杀掉它。”丰臣秀吉笑着说：“如果夜莺该啼而不啼，我会‘逗’它啼。”德川家康伸伸懒腰，缓缓地说：“如果夜莺该啼而不啼，我会‘等’它啼。”

这个故事有另一个版本，故事里的鸟是杜鹃而非夜莺，但同样都在隐喻三人不同的逻辑思维与处事方法。

德川家康年少时命运坎坷，六岁被送到今川家做人质，前半辈子默默积蓄能量，等待织田信长与丰臣秀吉陆续倒下，他便抓住机遇，渐次夺取天下。德川家康一手开启了日本江户幕府将近二百六十年的王朝，“忍功”实属一流。

故事4：愿景，一幅未来实现的图画

有三个正在砌砖的工人。路人经过问他们在做什么？

第一个工人没好气地回答：“你没看到我正在砌砖吗？混一口饭吃罢了。”

第二个工人头也不抬地回答：“我在砌一面墙，磨炼我的手艺罢了。”

第三个工人充满自信，抬头看着远方说：“我正在盖一座教堂。”

十二年后路人故地重游，他发现那儿矗立了一座崭新的教堂——“水晶大教堂”，而扮演这个教堂兴建工程中极为重要的“工头”角色的人，正是当初的那“第三个工人”。因为对自己的生活有愿景，所以，他构建了一幅未来的图画。

这个故事有两点启示，第一点是告诉我们“愿景”的重要性，第二点是启示我们“工头”在项目管理中所扮演的重要角色。如果有决心达成“愿景”，那么愿景是拨开迷雾、指引航向的灯塔，它能够帮助我们建立一个命运共同体。这幅美好的图像，将会驱使成员积极地以终点为始点出发，进而迈向愿景。

如果要启示“工头”在项目管理中的重要角色，那么无论是中国的万里长城，还是欧洲的大教堂，亦或是巴拿马运河的兴建，都需要无数的人力、物力投入其中。而要能够有效执行这些建设达成项目任务，就得仰赖有能力、有远见的“工头”。工头的重要性，表现在对于每一个项目任务的预算、时间和质量的掌控上。

说故事的黄金圈

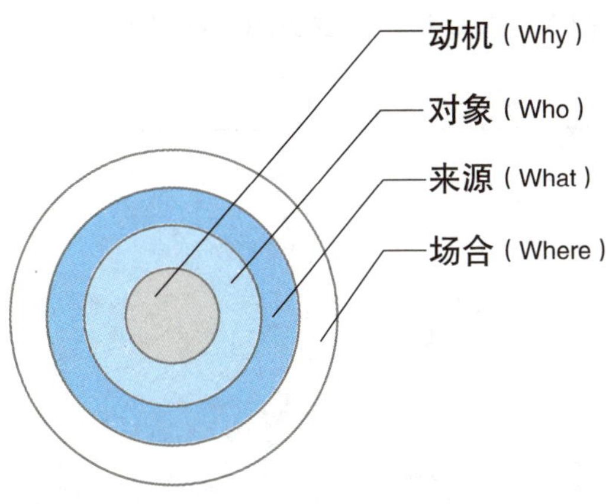

故事管理工具：说故事的黄金圈

运用下面的工具栏，明确你的故事动机与对象

❶ 动机（Why）： 为什么要说这故事？（价值启发）

____

❷ 对象（Who）：故事说给谁听?

____

❸ 来源（What）： 想说什么故事?（寻找故事源）

____

❹ 场合（Where）： 故事应用的场合?

____

05 从你熟悉的事物开始说起

“自己的故事”这个概念如此有力，如此浑然天成，我们其实是通过“故事”这个镜头来看待自己的人生。你的人生就是你的故事，你的故事就是你的人生。

——洛尔《人生，要活对故事》

在一次受邀为某个国家的家长们演讲“说故事学激励”的场合中，我特意从儿时记趣的童年往事切入，说了一个《青蛙王子》的故事作为开场：

记得故事发生在我上小学四年级的时候，一天下午的最后一节课，同学们都已经按捺不住放学的悸动，教室里闹哄哄的。老师抱着一堆作业走进教室，为了让同学们安静下来，老师想找同学上台讲故事。大家相互推脱，都不肯上台。于是老师直接指定身为班长的我上台讲一个故事给同学听，而他可以安安静静地坐在一旁改作业。

顿时我心中好像有十五个吊桶七上八下，忐忑不安。从课桌到讲台的短短几步，步履沉重，好像走了一个世纪般漫长。站到台上后，脑中仍是一片空白，此时才惊觉平日虽阅读故事无数，临到用时，竟挤不出一个来，那时才深深体会到什么叫做“面红耳赤”。

我站在台上拼命回忆以前看过的故事：《幼年》《王子》《三百字故事》《成语故事》《格林童话》《一千零一夜》《聊斋志异》《三国演义》等，希望能记起一个，临时救我于危难。后来我终于想到《青蛙王子》的故事，于是便开始说：“在很久很久很久以前，森林中有一个国王，他有好几个女儿，个个都长得非常美丽，尤其是小女儿，更是美如天仙。有一天她在池塘边玩着心爱的水晶球，却一不小心将水晶球掉进了池塘，于是她非常伤心地哭泣。不知过了多久，突然有一只青蛙从池塘里跳了出来，一只青蛙从池塘里跳了出来……一只青蛙……”

完蛋！突然间，我的记忆一片空白，舌头也打了结，因为后面的情节我完全忘记了！我傻了一样呆立在台上，不知如何是好。此时突然感觉，自己就活像一只青蛙羞愧地站在台上，被台下的许多公主嘲笑。

台下同学继续嬉闹说笑，老师在旁也见死不救。我只能语无伦次地边想情节，边说故事，到后来只能以“最后那只青蛙和公主过上了幸福快乐的日子，谢谢大家！”草草收场，留下一脸茫然的同学。

事后我很得意自己设计的快速结局，因为只有那只青蛙和公主过上了幸福快乐的生活，我才能结束在台上受众人嘲笑的尴尬局面。

叙说童年故事可以在团体沟通中起到破冰的作用，顺势拉近说者与听者之间的距离。故事中的“自我揭露”，并表述自己的意见与感受，可以促进人与人之间关系的发展。

06 制造“路障”，让听的人慢下来 

当你在销售产品之前，先明确你所拥有的东西对别人来说有什么用处，那么原本平淡无奇的产品也可能跟金苹果一样有价值。

——全美知名销售训练专家凯西·艾伦森（Kathy Aronson）

凯西·艾伦森懂得为产品找一个成功的故事，让我们一起来看看她的“金苹果销售魔法”吧。

有一个八岁的美国小女孩，名字叫凯西。凯西小时候住在新罕布什尔州的偏远农庄，父母忙于工作无暇陪她玩耍，她就爬上家用农机，开到附近的邻居家里找同伴玩耍。这一路上，农机压坏了田里许多的农作物，但是凯西没有停下，她太寂寞了，她需要有朋友的陪伴，她不想孤独的待在家里。日子一天天过去，有一天卡西突发奇想，把田里种的红萝卜和西红柿都收集起来，在路边摆了一个摊子准备贩卖这些农产品。凯西为摊子取了一个名字：快乐农园。

凯西在学校老师的帮助下，做了五个又大又重的“招牌”放在路边，招牌上画着蔬菜的图样并配以简单的文字：

第一块招牌画了一种蔬菜，旁边写着“胡萝卜”。

第二块招牌画了一种蔬菜，旁边写着“新鲜的西红柿”。

第三块招牌画了一种蔬菜，旁边写着“小黄瓜”。

第四块招牌写了一句话：“新鲜的农产品，还有四分之一英里。”

第五块招牌画了一个太阳，旁边写着：“愉快就在转角处。”

开车经过村庄的路人都纷纷对这个蔬菜摊感到好奇，他们有的放慢车速，摇下车窗瞥一眼，有的直接熄火下车，走到卡西的摊子前。快乐农园里有一些形状奇特的农产品，和我们平常看到的不一样。比如歪七扭八的胡萝卜或者是有疙瘩的西红柿。客人们起先会感到疑惑，这样的农产品怎么还会拿出来售卖，但当他们仔细观察之后，会发现不一样的景观。有的人会惊呼：“这根红萝卜好像兔子！”在这个时候，凯西会站出来妙趣横生地对客人说：“这种胡萝卜形状奇怪，长得好像小兔子，是因为最初的种子就是一百多年前从法国漂洋过海来的。”

凯西得意满满地告诉客人，自己帮助妈妈采收、清洗及前一晚刚在晚餐桌上吃着妈妈烹调出这些美味佳肴的故事。凯西还睁大眼睛向客人强调，这种胡萝卜是百分之百的天然食品，它们就在这里成长，除了水、阳光和田地里肥沃的土壤之外，没有添加任何东西。于是许多客人纷纷购买这些形状奇特，却有着有趣故事的蔬菜。这些客人也周复一周地来到“快乐农园”的小摊子，找寻不同的乡村体验。

凯西十八岁的时候去到纽约工作，起先在一家小广告公司任职，后来她无意中知道《大都会杂志》在征广告业务员，但却很少雇用年轻的女性。她决定去试一试，希望用一种与众不同、别出心裁的方式来争取面试机会。

她想到了童年时快乐农园小摊的经历。首先，她到 Dunhill 雪茄店买了四支 It's a girl 品牌的雪茄，以金色彩带缠绕，并用黑色漆皮盒包装好，轮流寄出，一次寄送一盒给《大都会杂志》的发行人。

第一天第一个盒里，只有一支雪茄和一张便条纸，写着：It's a girl。

第二天第二个盒里，只有一支雪茄和一张便条纸，写着：她是大都会的女孩。

第三天第三个盒里，只有一支雪茄和一张便条纸，写着：她的名字叫……

第四天第四个盒里，只有一支雪茄和一张便条纸，写着：凯西·艾伦森。

最后，她得到了这份工作，同时期有大约两百人与她一同参加面试。

一个八岁不甘于平庸的美国小女孩凯西，她懂得利用五块招牌当做“路障”，让经过的客人停下来。这五块招牌似乎传递着特殊的意义：

1. 引起旁人（顾客）注意。
2. 让他们慢下来。
3. 引发他们的兴趣。
4. 让他们考虑我卖的东西。
5. 承诺愉快的体验。

“说故事”就好像这些路障，让听的人慢下来，进入故事的情境与世界里。当销售一项产品时，凯西懂得用“故事”来包装，让那些原本平淡无奇甚至歪七扭八的蔬菜因故事而变得有意思。

07 自由书写——我写，我说，故我在

自由书写（free writing）随意写，一直写，继续写，直到突破抗拒之心、愤怒之心、恐惧之心与忧伤之心，直到找到狂野之心与平静之心。此时此处，我们会与自己内在那头脆弱、自在的小怪兽相遇，而它，正是创意、灵感与洞察之所在。

——马克·利维（Mark Levy）

一位在大学任教的好友告诉我，她曾要求学生撰写一篇一百五十字的心得报告作为课堂作业，大部分学生都觉得困难、勉强而无法完成。因为学生们在撰写过程中，不是思绪打结就是不知所云。很多时候，我们也会面临这样的困境：当我们在构思或提案时，是文思泉涌、下笔不能自休？还是殚精竭虑、全无灵感呢？

数字营销当道，泛滥肤浅的信息很容易抢夺我们目光，我们花了太多时间“看”信息，却花了太少时间“想”事情、“写”心情，所以，那些深层的思想与情感不容易表达出来。相信许多营销策划人员、创意工作者、主管干部在构思提案、策略与计划时，也面临肠枯思竭的窘境，何不尝试一下自由书写（free writing）呢？

“自由书写”顾名思义就是随时、随地、随手信笔涂鸦或写下心情点滴。笔随心走，以“第一意念”书写，抒发情感与情绪。自由书写的过程不增润、不删修、不停

笔，因为书写本身就可激发灵感。好比自己“心灵的后花园”，可以随时、随地、随手栽下种子或幼苗。因此，当你想不出故事可写时，立刻动手随意写就对了，许多灵光乍现的思维与点子，就隐藏在自由书写中。开玩笑地说，即是“石堆中提炼黄金”。

我第一次学习自由书写时，课堂上老师引导我们：“让笔带着你走，不要停，内在声音就被你挖出来了！”

在五分钟的“自由书写”中，我先闭上眼睛，沉淀心情，默想这一周的点点滴滴。接着开始在大簿子上书写当天、当下的思绪：

宁静是最奢华的享受。世事纷乱，人心惶惶，我的心啊！需要一方宁静的空间。但活跃的心思，你却“刻变时翻”啊！陌生的环境啊！你让我神经竖起来，感官活过来！

我不理睬周遭只顾暗自偷笑，宁静享受筑梦的快感。闭上眼睛竟然能看到宽广前景，睁开眼睛满是繁华世界的表象戏剧。世人仿佛庸庸碌碌演了一场戏，让神和天使观看。我要承担摩西的使命，还是杰里迈亚哀歌的无奈悲痛？我要扮演戴维打败歌利亚，还是所罗门王的决断审判？

五分钟时间到了，老师要我们为这个“自由书写”定一个标题并轮流分享。我的标题是“不同凡想，不同凡行”。经过那日的书写与分享，我深觉这种“存在性的相随”能够让自己“独处时不寂寞、痛苦时有宣泄、感触时有纪录”，它是可以成为陪伴我一生的随身宝藏。

在我们心情郁闷，找不到适当的人倾听与发泄时，最简单的方法就是自己说给自己听、写给自己看。书写的本身让“喜、怒、哀、乐、爱、恨、欲”，成为故事的来源。通过心灵自由书写，与深层的自我相遇，启动高感性与高关怀，让你成为一个会说故事的天生赢家。

第二章 ▶

有故事的人，才听懂自己心里的歌

当一个人，被放在不同的时间与空间的坐标轴上，
就自然写下了历史和回忆！
包罗万象的故事锦囊，
有我的经历、他山之石，及有趣的典故、神话。
我们需要的是说一个故事，
把喜、怒、哀、乐的感性话语说出来。

01 找出故事源及说故事的目的

昨天是记忆，明天是梦想，今天是礼物。故事描绘前尘往事，故事说出活在当下，故事启发美好愿景。

有故事的人，才听懂自己心里的歌！建构属于你自己的故事锦囊（数据库），故事来源可从下列三方面获取：自己亲身经历的故事、他山之石可以攻错（效法或借鉴的故事）、神话典故寓言（包括历史、文学、电影等）。还有第四种则是经过上述三种的阅历与洗礼，进而自我想象与创造。

精彩动人的故事是永不中断的进行式。说故事的目的，就是传达给听者正确的“价值启发点”。故事可以传达人格与理念的价值（如陈树菊女士的乐善好施、金恩博士的《我有一个梦》）；故事可以传达产品或服务的价值（如舒适牌刮胡刀的缘起、王品海底捞火锅的贴心服务）；故事可以传达品牌的价值（如小米手机的创业故事、思勋馒头、黑猫宅急便）；故事可以自然而然，不凿痕迹地让听者产生情感连接。

例一　财团法人第一社会福利基金会

第一社会福利基金会成立至今已经三十二年了，它一直致力于“心智障碍者”全生涯的训练与照顾服务、家庭的支持和倡导小区民众帮扶工作，以“让身心功能障碍者在热忱专业的服务中，获得尊重与成长，促进社会的平等融合”为使命。因此，第一社会福利基金会可以从与无数心智障碍者的日常相处中，从他们如何学会吃“第一”口饭、走“第一”步路、说“第一”句话，如何帮助家长“第一”次感到安心的案例中，寻找“故事源”。

员工可将这些点滴的生活细节转化为动人的故事，落实全员公关，创造社会影响力，让民众愿意以实际行动帮助身心障碍家庭。

故事架构范畴表

故事源 目的	亲身经历	他山之石	神话典故（文学、电影）
人格或理念	A	D	G
产品或服务	B	E	H
品牌	C	F	I
爱情	J	K	L

*A代表传达“理念、价值或人格”的“亲身经历”；D代表传达“理念、价值或人格”的“他山之石”；G代表传达“理念、价值或人格”的“神话典故”；以下类推。

例二 我个人的“故事源”数据库

下表是我个人的“故事源”数据库，通过阅读与经历生活，不断地搜集、累积更新，并添加新的元素，每次叙说的时候融入更深的情感与温度。

	故事源
A	你认真别人就当真、生命中的贵人、不一样的总机小姐、患难生忍耐、期盼会回头看你一眼的老虎、人生要活对故事
B	我有一个梦、穹顶之下、一盏灯一颗星、自信的女人最美丽、卖糖水还是改变世界、海尔砸冰箱
C	夸父追日、马壮车好不如方向对、以客为尊、“个性决定格局、愿景，一幅未来实现的图画”、刻在心中的友谊、小王子——狐狸与我、李白乘舟、发脾气的小男孩、愚公移山、诺亚方舟、三个傻瓜、天外奇迹
D	梦幻骑士（故事方舟的品牌故事）、Yes, We can！（将苑领导的品牌故事）
E	阿嬷，我要嫁尪啊（宜兰饼）、生命试炼出的美好滋味（石碇思勋馒头）、走过一甲子的传承，坚持捣笔的玉兔（玉兔品牌故事）、金苹果销售魔法
F	床边故事（席梦思）、记忆月台、当不掉的记忆、记忆的红气球（金士顿）、不老骑士（大众银行）、小时光面馆、苹果公司1985、成就未来（星展银行）

故事管理工具：Where—故事营销应用的场合

- 面试应征工作的成功与失败经验谈
- 社交场合的破冰与开场
- 通过与一般下属沟通，传达理念
- 正式的简报宣扬概念，说服听众
- 企业轶文、趣事与功绩→通过网站传递
- 故事专区，建构知识管理的学习型组织
- 与客户互动，述说产品与服务的故事源
- 人际交往，展现故事力的感性情怀

02 领导变革的故事锦囊
——Change, we need！

例举许多故事的来源，作为故事锦囊的联想参考，为的是要帮助我们在下列议题上做得更好：领导变革、沟通激励、创新管理、产品营销、顾客服务、品牌塑造。

年少的牧羊人大卫，面对歌利亚的叫阵，从容不迫从地下拿起一块小石头，借着甩石和机弦，将巨人打败。这简单的小故事可以启发企业领导者用小虾米对抗大鲸鱼的谋略。诺亚一家八口听从神的指示建造方舟，躲避洪水泛滥。这个故事启发企业要迎向变革，打好趋吉避凶的生存战。

下面我们讲一个“领导变革”的故事：

一九九二年美国总统大选，第四十一任美国总统老布什输给了克林顿。老布什的孙子当时就读小学三年级，在学校排队领营养午餐时，老师听到一个小孩嘲笑他：“输掉了，你爷爷输掉了！”

老师看了很心疼，正要阻止，只见老布什的孙子面带微笑，他并没有被激怒，也没有低头，而是从容不迫地说：“我相信克林顿也会是一个好总统。”老师听了很感动，浮上脑海的第一个念头就是：这个孩子的爸妈教得真好。

二零零零年十一月，美国选民投票决定总统人选，最后的获胜者是小布什。

领导力不只是职场上需要的重要能力，其实，在家里也一样重要。父母就是一家的领导人，相信在布什的家庭生活里，父母与孩子的日常相处可能更多的是宽容与爱，而不是攻击、批评。这样的父母才是真的活出了领导力。

当企鹅赖以生存的冰山融化时，哪只企鹅能感知危机，带领大家离开舒适圈，迈向新航程？变革学者约翰·科特（John P. Kotter），以一则冰山融化的寓言故事，提出领导变革的八大步骤，包括：建立危机意识、成立领导团队、确立愿景与策略、有效沟通、授权行动、创造短期成效、巩固战果并再接再厉、打造新文化，教导我们从容应对危机。

故事锦囊：领导变革的故事来源

- 摩西过红海：危机领导与管理变革的启示
- 波音公司塑造的危机意识
- 马丁 · 路德 · 金：《我有一个梦》
- 朱元璋：高筑墙、广积粮、缓称王的奠基策略
- 奥巴马：Change, We need！激励人心的征服领导
- 向布什团队学习：谁让布什当上了美国总统
- 《这是你的船》
- 《西游记》的团队建立
- 诸葛亮舌战群儒的沟通智慧

03 沟通激励的故事锦囊——心连心，点燃生命热情

《小王子》里有一篇“狐狸出现了”的故事，讲的是一只狐狸与小王子建立关系的过程。企业中的人际关系，如果能像故事中那样建立起来，对公司和员工来说都会有沟通激励的效果。

狐狸对小王子说：“对我来说，你只是一个小男孩，就像其他千万个小男孩一样。我不需要你，你也同样不需要我。对你来说，我也只不过是一只狐狸，和其他千万只狐狸一样。但是，如果你驯服了我，我们就互相不可缺少了。对我来说，你就是世界上唯一的了，我对你来说，也是世界上唯一的了。”

小王子问狐狸说：“什么叫‘驯服’呢？”狐狸说：“它的意思就是‘建立联系’。”“建立联系？”小王子问。“一点不错。”狐狸说。

“如果你驯服了我，我的生活将会是欢乐的。我会辨认出一种与众不同的脚步声。其他人的脚步声会使我躲到地下去，而你的脚步声就会像音乐一样，让我从洞里走出来。再说，你看！你看到那边的麦田没有？我不吃面包，麦子对我来说一点用也没有，我对麦田无动于衷。而这，真使人扫兴。但是，你有着金黄色的头发。如果，你驯服了我，那么将会是很棒的一件事。因为那麦子是金黄色的，它会使我想起你。而且，我甚至会喜欢上那风吹麦浪的声音……”

这只狐狸让小王子明白，“建立关系”后，彼此就有一份关爱与思念。

故事锦囊：沟通激励的故事来源

◆ 动画

- 《大雨大雨一直下》：一个来自小青蛙的预言
- 《怪物史莱克》：真情真性的自我揭露
- 《天外奇迹》：有梦最美，希望相随
- 《国王与小鸟》：真爱的勇气与执着
- 《龙龙与忠狗》：好帮手
- 《佳丽村三姐妹》：热情与坚持
- 《叽哩咕与女巫》：好奇心与行动力的展现
- 《小乌龟福兰克林》：奇幻寻宝之旅
- 《叽哩咕与野兽》：我是迷你的小英雄
- 《男孩变成熊》：战胜寂寞的拼搏
- 《变形记》：心中的罗盘

◆ 绘本

- 《山谷里的丁香花》：同中存异，异中求同的欣赏与包容
- 《钟声又再响起》：敲响心中的爱
- 《屋顶》：知足惜福与感恩
- 《四十岁的老鹰》：重新得力，展翅上腾
- 《太阳下山，回头看》：你的存在是他人的祝福与激励
- 《爱画画的塔克》：勇于尝试，接受新事物
- 《雅各布和七个小偷》：正视黑暗，创造光明
- 《大马士革之夜》：没有故事的人生是暗哑的
- 《牧羊少年奇幻之旅》：勇敢筑梦
- 《一个不能没有礼物的日子》：用心创造幸福

◆ 文学与典故

- 《堂吉诃德》：梦幻骑士的异想世界
- 《仙履奇缘》：人人头上一方天
- 《五颗豌豆》：你的存在成为他人的激励
- 《旧约圣经 · 乔布记》：祝福伪装的苦难

04 创新管理的故事锦囊——苟日新、日日新、又日新

创新是活力的源泉。乔布斯设计苹果计算机就是一个例子，如果他一直沿袭传统，也许就没有今天的苹果公司。可见创新的力量可以改变世界，让这个世界更好。

有位富商在退休之前，将他的三个儿子叫到面前，对他们说："我要在你们三个人之中，找一个最有生意头脑的人来继承我的事业。现在我各给你们一笔钱，谁能拿这笔钱把一间空屋填满，谁就能继承我的事业。"

大儿子买了一棵枝叶茂盛的大树拖回空屋里，把屋子占了大半空间。

二儿子买了一大堆书，也将空屋填满了大半。

小儿子只花了几元钱，买回来一根蜡烛。

等到天黑了，他把父亲请到空屋来，点燃了那根蜡烛说："爸爸，您看看，这屋子的每个角落都被这根蜡烛的光填满了！"

富商看了非常满意，于是让小儿子继承了事业。

有一个这样的传闻：乔布斯刚开始邀请前百事可乐总裁约翰·斯考利来管理公司时，约翰·斯考利还犹豫不决。

最后，乔布斯对他说："约翰，在往后的人生岁月，你想要一辈子卖糖水，还是想要改变这个世界？"显然，斯考利选择了后者，他加入了苹果公司。

这个故事也充分体现了乔布斯逆向思考的创新思维能力。

故事锦囊：创新管理的故事来源

- 《3M成功秘诀：无限创新》
- 《奇异：变革与再造》
- 宜家家居：让顾客免费过夜
- 伊仓产业：中药店里开茶馆
- 《冰山在融化：在逆境中成功变革的关键智慧》
- 大卫打败歌利亚：小虾米对抗大鲸鱼的谋略
- 诺亚方舟中体现的企业的生存战略
- 海尔张瑞敏砸冰箱的质量意识
- 家乐福的服务创新：坚持不断改进
- 《谁说大象不能跳舞：郭士纳亲撰IBM成功关键》
- 《虎与狐：郭台铭的全球竞争策略》
- 《较量：松下幸之助和盛田昭夫的创业争霸战》
- 《Nissan反败为胜》
- 《日本企业经营之神：松下幸之助》

05 理念营销的故事锦囊 ——说故事、抓数据、讲对策

以一则真诚的故事卸下陌生人的心防，或运用简单的实例说明、模拟和比喻，在顾客心中清楚呈现图像，客户自然乐意和你对话，并向亲朋好友推荐——这种销售技巧称为“故事营销法”（story marketing）。

这几年频繁穿梭于各大城市间进行授课演讲，总是不能享受“窗外有蓝天”的恣意快活，因为天空变得灰蒙蒙的。二零一五年央视记者柴静，为了探究雾霾（Haze）对人类的影响，耗费大量的人力、物力来进行调查研究，最后拍出了一部震撼人心的纪录片《穹顶之下》。

这部影片时长为一百三十多分钟，能够全部看完并不容易。柴静懂得要谈霾害悬浮微粒这一类严肃的话题之前，必须先活跃现场的气氛，她以两、三个小故事为开场，吸引大家的注意力。“有一次”，她说。“我在西安出差，工作结束后我住进了当地的一家宾馆。白天的工作很辛苦，我本来应该倒头大睡，但实际上，我几乎一夜都没睡着。”原因很简单，空气中悬浮的微粒让她咳得睡不着，只能半夜爬起来切了一片柠檬放在枕头上，以求能睡个好觉。还有一次是在山西做采访，柴静问一个小女孩：“你看过蓝天吗？”小女孩天真地说：“没有，只见过一点

点。”“你看过天上的星星吗？你看过白云吗？”柴静接着问。女孩平静地说：“都没有。”

怀孕生产后，还没来得及享受为人母的喜悦，柴静就被医生告知，她刚出生的女儿患上了良性肿瘤，必须手术开刀。她说，女儿如此，大抵与她出生在这样一个严重污染的环境中有关。

故事讲完后，接着她再以详细、精准的数据分析来佐证自己的观点，向大家说明雾霾造成的灾害。最后，她向大家提出请求，希望大家群策群力，想出应对的方法和对策。 这是一个不断说服的年代。主管说服下属、营销人员说服客户、老板说服员工、政府说服人民、父母说服儿女。当然，过程也可能是反向说服。说服过程不外乎两件事：说故事、卖东西。

说服，需要方法。这种先说故事、再讲道理的方法，以一则真诚的故事卸下陌生人的心防，或运用简单的实例说明、模拟和比喻，在顾客心中清楚呈现图像，顾客自然乐意和你对话，并向亲朋好友推荐——这种销售技巧称为“故事营销法”。

06 顾客服务的故事锦囊——服务就是竞争力

通过温馨感人的服务营销故事，才能深切体验“顾客关系与服务”是一场眼到、口到、心到、手到的心理战。

一名台湾高铁的服务员，在某次值勤时发现，一位中年男性乘客带着他父亲的照片一起乘车。后来，她了解到这位乘客是为了替过世的父亲，一圆生前无法搭乘高铁的愿望，所以才有此举动。这位男性乘客向她点了一杯咖啡后，开始对着手上父亲的照片念念有词。她思索了一会儿，不疾不徐端上两杯咖啡，并对男子紧握的照片说：“这杯是您父亲的热咖啡，请两位慢用、小心烫。”她在这名旅客神情中，看见了感激。

如何比顾客更了解顾客？如何提供给他们“深知我心”的产品和服务？

当你的顾客指定说“我的理财专员”、“我的牙医师”、“我的营业员”、“我的美发师”时，表示你与顾客之间有着真诚、正面、稳固的关系存在。管理大师彼得·德鲁克（Peter F. Drucker）说：“新经济就是服务经济，服务就是竞争优势。”企业须针对顾客服务去进行策略性思考，建立以客为尊的企业服务文化，让你了解顾客、满足顾客，甚至预测顾客的需求。

07 品牌塑造的故事锦囊 ——精神象征与价值理念的体现

“品牌化就是拟人化，感性的主张才有魅力”。因为一旦拟人化之后，品牌才会有个性、故事和风格。

——奥美集团策略长叶明桂

许多品牌故事的产生就是“活在当下”的领悟。一九五七年，小仓康臣先生时任日本大和运输公司的管理者。某天他看到马路边孤零零躺着一只落单的初生小猫，小猫的双眼还张不太开，只能发出微弱的喵喵声，呼喊着母猫，让人看了很是心疼。他心生恻隐，要走过去移走小猫，以免小猫被来往的车辆撞伤。

此时突然一只母猫出现，过去温柔地舔了一下小猫的眼睛，小心翼翼，轻衔起小猫的脖子，然后慢慢把小猫移往安全的窝。康臣先生从那对亲子猫的眼神中体会到这种细心呵护、无微不至的关怀，他感悟到这正是宅急便服务应该有的精神：“怀抱着母猫对待自己亲骨肉的心态，以小心翼翼的态度面对每次托付，对顾客的包裹视如己出般地呵护。”据说这就是后来黑猫宅急便的故事象征。

品牌，因故事而伟大！这个品牌故事传递了一种价值象征：小心翼翼，有如亲送，不变的承诺。这个故事告诉员工：“每天从不同的顾客手中，接过托运的包裹。我们知道，这些包裹都是有温度的。我们也要以最小心翼翼、视如己出的态度，把客户传来的温暖传递下去。”

品牌背后的故事，隐藏着玄妙的经营策略与企业文化。欧洲营销之父夏代尔（Dominique Xardel）说：“品牌之路就是跟顾客沟通、沟通再沟通。”通过说故事，能创造并延续你的品牌价值，避免掉入一味降价促销的红海，让人们所购买的不只是商品，而是一种他们向往的生活方式。

品牌会帮助消费者做选择，触发消费者心中强烈的情感作用，进而强化他们对于品牌的忠诚度。

故事锦囊：品牌塑造的故事来源

- 台达电、统一企业、联强国际、中国移动、宏碁（Acer）、谷歌（Google）、微软、可口可乐、国际商业机器公司（IBM）、麦当劳、苹果公司（Apple）、康师傅、诺基亚（Nokia）、海尔等企业的故事
- 《实在的力量：郑崇华与台达电的经营智慧》
- 《透视台积电》
- 《撑起食品一片天：高清愿的统一企业》
- 《华硕马步心法：施崇棠的策略雄心》
- 《不停驶的驿马：联强国际的通路霸业》
- 《联想风云》
- 《台塑打造石化王国：王永庆的管理世界》
- 《海尔是海》
- 《中国啤酒老大：青岛啤酒》
- 《阿里巴巴来了：马云的80%成功学》
- 《翻动世界的Google》
- 《可口可乐：谁将气泡装进瓶子里？》

☑ 故事管理工具：辨识顾客行为风格，发展有意义的对话，促进成交

- 自己要先喜欢拥抱故事（听故事、说故事、写故事），让自己改变气质，变成拥有感性情怀的人（让客户、同仁、主管、部属与家人喜欢亲近你）
- 这种气质，让你乐于并懂得倾听和询问顾客关切的事项
- 进而在对话的过程中，引导客户说出他的故事（需求动机）
- 适当分享自己成交经验的故事
- 适当运用隐喻或模拟的话术，丰富对话的想象空间
- 借着辨识客户属性（表现型、友善型、分析型、控制型），不断累积自己的故事锦囊

第三章 ▶

说故事营销的力量

故事营销已成为当今的新显学。
未来是属于“说故事产业”的世纪，
从文化创意、数字内容、设计、观光到生活产业，
没有一个不靠“卖故事”赚钱。

01 说故事营销—— 右脑被故事唤醒 

营销是价值的创造与传递。故事可以营销什么？故事可以营销个人，故事可以营销理念，故事可以营销产品，故事可以营销品牌。故事营销的关键在于：你是谁、他们是谁以及参与故事发展的真实感。

一个十九岁的犹太小子李维·斯特劳斯（Levi Strauss），在一八四八年前往美国南加州生活，赶上了兴起的淘金热潮。一开始他并没有融入淘金人潮中，而是在矿区卖干净的饮用水，但是不久后，卖水生意被人垄断，他只能改卖帆布给淘金者做帐篷使用。没想到帆布帐篷耐用性太好，一时库存囤积太多，又正值雨季，仓库面临货烂仓塌的危机。

李维·斯特劳斯（Levi Strauss）在面临销售困境时，没有手足无措，他无意中发现，淘金者穿的裤子很容易磨损，于是灵光一闪："如果将帆布做成裤子会如何呢？"他立刻找了裁缝师，将帆布剪成一批低腰、直筒、臀围紧实的裤子。淘金者发现这种裤子既结实又耐磨，纷纷推荐给他人。于是这些用卖不出去的帆布为淘金客缝制的长裤，就以他的名字 Levi's 作为品牌，带动了一个世纪的流行趋势。

故事可以破除障碍，建立关系

故事可以营销人格

故事可以营销理念

故事可以营销产品

故事可以营销服务

故事可以营销品牌

另一个有关 Levi's 的故事发生在一九三八年的某天，有位先生的车子在半路上抛锚，因为地处偏僻无法求救，他索性脱下身上的 Levi's 501 牛仔裤，将两条裤管分别绑在车上，使劲地将车子一路拖回镇上。事后这位先生将这条牛仔裤送到 Levi's 公司，并讲了这段故事给员工听。聪明的广告人员，后来将这个故事改编成 Cal・a Levi's 501—— comercial de 1989 的广告。

说故事就是一种营销，营销什么呢？人格或理念、产品或服务、品牌或情感。让听者闻之动容，并产生一种连接感。

近年来微电影逐渐兴起，六分钟到半小时也可将一个故事说得动人，这股风潮吹进台湾。微电影的内容融合了心灵励志、时尚潮流、公益教育、品牌精神等主题，将理念置入故事情节之中，利用故事情节来吸引消费者注意。“微电影”成功引发众人的共鸣，这就是“故事营销”。学者斯科特・韦斯特（Scott West）、米奇・安东尼（Mitch Anthony）的研究中提到：“我们在说服客户的过程中犯的典型错误是，试图用刺激左脑的事物（数字、事实、历史），取代唤起右脑的反应（行动、冒险、决定）。故事营销是运用比喻强化说明、激发想象，促成适合客户特

一般营销的发言者

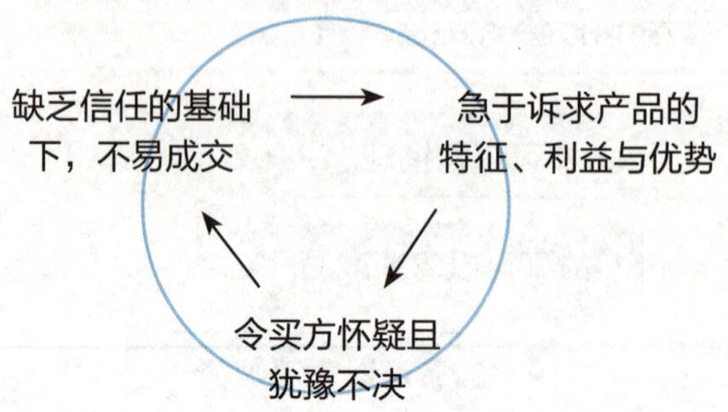

改编自 Storyselling for financial advisors-how top producers sell
——Scott West. Mitch Anthony

故事营销的发言者

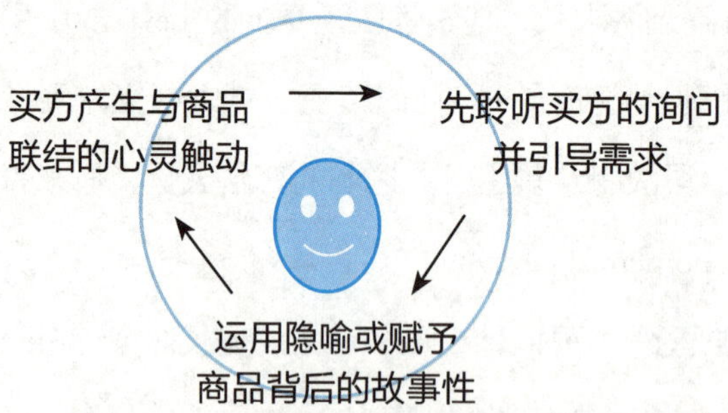

改编自 Storyselling for financial advisors-how top producers sell
——Scott West. Mitch Anthony

质的决定。”

通过故事营销，让营销与业务人员拥有说故事的热情，才能将这个神奇又美丽的故事，一次又一次地说给消费者听。

02 故事赋予品牌生机——增加人性化，融入顾客的生活

品牌故事通过轶文、趣事或传说，不断地传播理念，增加了品牌对消费者的说服力和亲和力。品牌故事赋予品牌生机，增加人性化感觉，也融入了顾客的生活。品牌故事中的五个W和一个H，即人物（Who）、时间（When）、地点（Where）、事件（What）、原因（Why）和结果（How），反映了时代背景、文化内涵、社会变革及经营管理的理念。

海尔人砸冰箱：有缺陷的产品，就是废品！

一九八五年，张瑞敏刚到海尔，那时海尔还不叫海尔，它叫青岛电冰箱总厂。有一天，张瑞敏的一位朋友要买冰箱，东挑西拣地发现很多台都有毛病，都不满意，最后不得已勉强买走一台。

得知这一消息后，张瑞敏立刻派人把库房里的四百多台冰箱全部检查了一遍，发现共有七十六台质量不合格，存在各式各样的缺陷。于是，张瑞敏把员工们叫到库房，问大家应该怎么办？

大家面面相觑，拿不定主意。有人提出，干脆便宜一点卖给员工算了。当时

一台冰箱的价格要八百多人民币，相当于一名职工两年的收入。

张瑞敏说："我要是同意把这七十六台冰箱卖了，就等于允许你们明天再生产七百六十台这样的冰箱。"

于是他宣布，要把这些冰箱全部砸掉，谁做的瑕疵品谁来砸，并抡起大锤亲手砸了第一锤！很多职工砸冰箱时流下了眼泪。

在接下来的一个多月里，张瑞敏发起、主持了一个又一个会议，会议的主题非常明确：如何从我做起，提高产品质量。三年以后，海尔人捧回了中国冰箱行业的第一座国家质量金奖。

张瑞敏那一锤，砸醒了海尔人的质量意识：有缺陷的产品，就是废品！

海尔人砸毁七十六台不合格冰箱的故事，从此就传开了。据说那把著名的大锤，被海尔人摆在展览厅里，让每一个新员工参观时都牢牢记住它。

这个故事传达出品牌领导者的理念：有缺陷的产品，就是废品！同时也体现出张瑞敏的领导风格。他先用"惩罚激励"对自家有缺陷的产品开刀，其次建立"危机意识激励"、"情感激励"，告诉员工今天不重视质量，海尔就没有明天。接着他运用"团队荣誉激励"，主持了一个又一个会议，最后展现"成果愿景激励"，捧回了国家质量金奖。

虽然当前全球百大品牌中，没有一家是中国品牌，但在Interbrand（全球品牌咨询公司）的"2012中国品牌价值排行榜"中，海尔在家电企业排名首位，品牌价值增长了百分之二十五。

我们可以通过故事力强化品牌力。想要掌握品牌故事的要旨，可通过多走动、深入了解第一线人员与顾客的互动，或体察内部跨部门沟通的现象，进而了解各部门（研发、业务、产品、后勤、财务、行政等）的独特风格。将独特事件发展成故事，大声讲，反复不断地讲，直到目标消费群认同，在受众心目中留下深刻印象。

03 故事传达品牌背后的“人格与理念” 

你知道全球百大品牌背后的故事吗？故事是品牌管理的基础，故事的核心就是“企业性格”。真实或传奇的故事会赋予品牌生命，告诉消费者“我们存在的目的与独特的贡献”。

二零一零年六月的一个周六上午，我与友人一起去参观宜兰的兰阳博物馆。抵达时正好下起倾盆大雨，这个“见面礼”仿佛是地主热情欢迎我们这一群来自台北的贵客。博物馆造型非常独特，不对称的大面玻璃帷幕，远远望去像是一只浮出水面的鲸鱼。

时间过得很快，下午准备尽兴而归时，朋友提议可以到附近市区一家颇负盛名的糕饼烘焙店买一些伴手礼。走到店门口，人潮络绎不绝，挤入店内看见架上陈列着标榜使用天然酵母发酵的欧式面包、宜兰三星葱手工制成的蛋卷、凤梨酥、芋泥酥、选用顶级草莓做成的草莓奶冻等，我也随手买了一些。

回去后，好奇心驱使我上网查了一下这家店的背景，到底有何魅力能够吸引众多顾客。网站首页的一段话似乎给了我解答：一开始踏入烘焙业，其实来自美丽的想象。三、四十年前一个门外汉，因对画画的热爱，想象着能将蛋糕当画布，在每个快乐的日子里，为寿星彩绘出欢喜，所以一头栽进这个领域，初始以蛋糕、面包、喜饼为主……

这一段话据说是创办人写的，短短数语却隐藏了一个故事，带给我莫名的心灵悸动。因为我小学六年级时，爸爸也曾送我去当时的“黎明文化中心”学习油画，我还记得当时的老师是金哲夫先生。因此当我看到这段话，就在心中产生了一种“情感连接”。因为都有学画画的经历，所以每当我购买这家烘焙坊的产品时，便仿佛与这个故事产生连接，支持他的理念，钦佩他的人格。

这种在情感上支持他人的理念或人格，就像美国黑人支持马丁·路德·金博士的《我有一个梦》、以色列人服从摩西带领出埃及、台湾之光陈树菊婆婆的乐善好施，这些故事都体现了主人翁的人格或理念。这就是故事的魔力。

营销管理大师菲利普科特勒（Philip Kotler）说：“品牌的意义在于企业的骄傲与优势，当公司成立后，品牌就因为服务或质量，形成无形的商业定位。”

品牌故事有三种形式：

①品牌创建者的某段经历。如：海尔张瑞敏怒砸了七十六台不合格冰箱；苹果乔布斯参观施乐公司，惊觉图形界面和面向对象是未来趋势等。

②技术或原材料的发明或发现故事。如：春水堂发明的珍珠奶茶等。

③品牌发展过程中所发生的关键故事。如：春水堂林经理发明了珍珠奶茶，先试卖两周，获得不错的市场反应后再告知老板。

故事管理工具：品牌故事的形式

品牌是产品的灵魂，它代表了：知晓（awareness）、联想（association）、认知价值（perceived quality）与忠诚度（loyalty）。

说一个我们自己品牌的故事：

1.品牌创建者的某段经历

____

____

2.技术或原材料的发明或发现故事

____

____

3.品牌发展过程中所发生的典型故事

____

____

04 商品故事的案例与启发

石碇思勋馒头——生命试炼出的美好滋味

故事可以诉诸人的感性，促进人们的想象力。人在听故事的时候，都会自然而然地用五感去想象！而想象这种行为，可以让五感在头脑内运作。

——高桥朗《五感营销》

商品的故事，可否通过情真意切却不矫揉造作的方式娓娓道来呢？我第一次看到这个故事是在网络上的部落格，从此我对于购买馒头有了固定的选择与依恋。请您听一个石碇思勋馒头的故事 —— 生命试炼出的美好滋味：

老大永远只有九岁

我是一个母亲，我有两个孩子，老大永远只有九岁。老二，今年夏天即将自小学毕业，我每天祈祷他能把哥哥没经历到的人生活回来。二零零一年，大儿子无预警地发病，送医六个小时，心脏衰竭走了。医生做了遗传筛检，也无法给我们一个明确的答案，只说是罕见疾病。

相隔四年，小儿子的心脏也发出警报，我和先生在医疗团队的支持下极力抢救。二零零七年第一次换心，不到一年即告危急，迫不得已，二零零八年一月再次进行心脏移植手术。老大猝逝，我肝肠欲断，甚至罹患忧郁症，成日沉浸在哀伤里。直到老二发病，唤起我为人母的斗志，无论如何，我一定要留下一个孩子。小儿子第二次换心后，我和先生收掉原本生意不差的早餐店，搬回山上老家定居，全心全意地照顾他。

保护心血管的食材

孩子的两次换心，带给我们极大的震撼。原来健康是如此重要！器官移植后的病人最怕发生排斥和感染，死亡仍时时威胁着孩子。因此如何把握有限的生命，克服困难，让孩子健康平安地活着，是我们夫妇接下来最重要的课题。

于是我们不断地搜寻能保护心血管的食材，经过一年多来不停地研究和尝试，我们发现荞麦、燕麦、红薏仁、糙米、黄豆、白木耳、核桃、黑芝麻、白芝麻、杏仁、南瓜子、葵花子、枸杞、莲子、红豆等有极高的营养价值。

生命试炼出的美好滋味

孩子在这些食材的滋养下，身体机能逐渐稳定。我们从孩子的反馈中，调配出最适宜食用的健康馒头。

我们的馒头基于健康及均衡营养的考虑，添加五谷类及坚果类食材，以增加膳食纤维与不饱和脂肪酸摄取量，不添加任何化学物质，完全以健康养生为目的。我们愿将爱和感谢化成一个个热腾腾的馒头，分享对生命由衷的热情与敬畏！

那一句“老大永远只有九岁”，思勋妈妈情真意切地娓娓道来丧子之痛，听者为之落泪，闻者为之动容。故事的引爆点就在这一句话中悄然展开，“感性情怀”的铺陈，引发阅听者一探究竟的欲望。

思勋妈妈继续述说着：相隔四年后，小儿子的心脏也发出警报，分别在二零零七年、二零零八年两次进行心脏移植手术。此时沉浸在哀伤里，甚至罹患忧郁症的思勋妈妈，唤起“为母则强”的斗志，她无论如何也一定要留下一个孩子。此段铺陈了第二段高潮起伏的三个转折点，分别是：小儿子的心脏也发出警报，二零零七年、二零零八年两次进行心脏移植手术。情感描绘深刻，情景刻画鲜明。

第三段的价值启发点诉之以理：面对死亡时时威胁，思勋妈妈与先生选择勇敢面对，开始寻找保护心血管的食材，并研发调配出符合健康概念的馒头。此点做了很好的关联性连接。

最后让生命试炼出的美好滋味，将小爱散为大爱，做了完美的结束。此故事营销手法，以“时间”“空间”“人物”的架构娓娓道来商品的“感动力”，让听者将一掬同情之泪化为实际行动的认可与支持。故事真的发挥力量，让人们听完后采取行动，让世界变得更美好。

两年前，我在宜兰县政府辅导当地观光工厂的计划中，担任“说故事营销”的顾问讲师，引导学员通过“故事的三段落法”，说出自己品牌背后的故事。以下几节是发表的案例与我的评点。故事本身就是娱乐、引导、告知和说服的最佳工具。说故事更能创造亲和力，让理性的论证巧妙地被听到。让故事帮助你在品牌策略、产品销售、创新管理、顾客服务、组织文化创造好绩效。

虎牌米粉——一辈子的朋友，尚健康的质量

上午载黑金，下午卖白金

“这样下去要怎么办？”老板娘一边算着账单，一边叹气跟老板说，“我们这是新品牌，客人只看重商品价格，咱的原料成本比较高，在竞争中没有优势。”说完了两个人都陷入了沉默。

在收入普遍不高的二十世纪六十年代，市场是七分价格三分质量的态势，老板学历不高，连品牌也是从台湾俚语“虎豹狮象”中得到的灵感，他想做“第一个吃榴莲”的人，于是就取了“虎牌米粉”这个名字。面对眼前的经济困难和心中对品牌的坚持，老板对老板娘说：“不然我早上还是回去五坑做矿坑，下午再去跑客户好了。”

就这样，老板持续三年天未亮就去石碇煤矿开卡车运黑色的煤，下午回木栅公司再换上衬衫跑业务卖白色的米粉。

故事营销三部曲

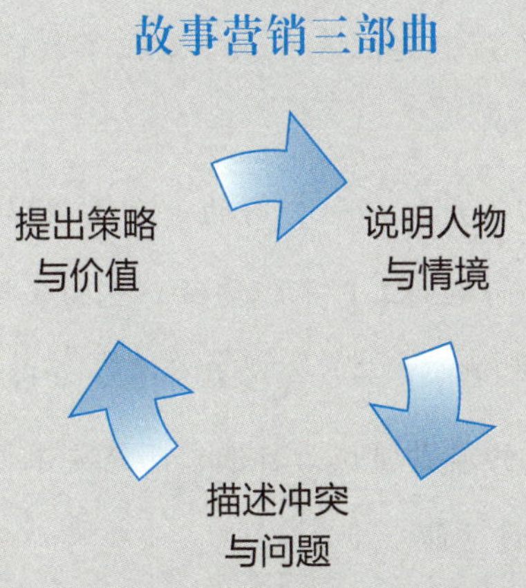

土法炼钢的体验营销

“天黑了还要出门？”

“这个时候客人才有空。”

老板带着小瓦斯炉、锅子和简单的调味料出门了，来到迪化街：“你好，我下午有来拜访过，天冷，我煮一点东西给你吃。”

客人吃过后，对老板说：“这就是你下午说的米粉？很好吃啊！跟以前的米粉很不一样。”客人满脸惊喜地看着手中的米粉，因为以前的米粉从来没这么有弹性。

他用筷子小心地夹起一条米粉，来回反复地去咬那根米粉，确认不是自己的错觉后，客人订了米粉。老板熟练地从唯一的一台二手小货车上搬了两箱米粉卖给客人。老板不懂什么是体验营销，他只知道吃过他米粉的人，就会买他的米粉。过了几年，虎牌米粉已经是数一数二的米粉品牌了。

一辈子的朋友，尚健康的品质

“我决定在宜兰盖工厂了”。老板在会议中做出了最后的决定，“我们要在无污染的地方，做尚健康的米粉。”

这不是老板盖的第一间工厂，却是公司的一个里程碑式的象征。“以前的工厂都是为了做好吃的米粉，而这间工厂不但要做好吃的米粉，更要做尚健康的米粉。”工厂不仅以通过ISO22000（食品安全管理体系）和HACCP（鉴别、评价和控制食品安全的一种体系）的质量验证为标准，而是要求，虎牌每批产品，品管人员都要进行试煮，质量通过才能上市。

宜兰饼 —— 阿嬷我要嫁尫啊！

阿嬷我要嫁尫啊！

在物资缺乏的年代，人们能吃到一块饼、一口面包都算是奢侈，所以当年阿嬷出阁时，既没宴客，也没分送大饼，只是默默地跟着阿公从宜兰远嫁到高雄。

2012年的夏天，我拎着各家的试吃喜饼，走进家门，撒娇地嚷嚷着："阿嬷！您喜欢吃哪一种？"只见阿嬷毫不考虑便拿起了牛舌饼，张口咬下的那一刹，阿嬷的泪从眼角悄悄滑落。看到这一幕，我便暗自决定要带阿嬷走一遭宜兰。

宜兰在地情，尽在宜兰饼

"阿嬷！咱要去宜兰看喜饼！"考虑到阿嬷的身体状况，我们选择了搭乘高铁。两个半小时后，我们一群人浩浩荡荡抵达了阿嬷的故乡—— 宜兰。来到宜兰饼总店，一踏进店里，导购小姐小青便热情地招呼我们喝茶，亲切地切着各式古早或改良过的中式喜饼给我们试吃。阿嬷开心地边吃边细数在宜兰的童年往事，聊着聊着，阿嬷忽然感慨了起来："呷老就无路用，全组拢坏了了，乎医生讲嘎虾咪拢未驶呷。"我告诉小青，阿嬷有糖尿病，不可以吃糖分高的食物。小青微笑地说："阿嬷勿要紧，阮家的饼用的是海藻糖，糖分只有一般糖的三分之一，牛奶也是纯天然的，您就放心吃吧。"

阿嬷露出满意的笑容，大口咬了手中松软香甜的饼，看着阿嬷一脸的满足，我觉得自己的选择是对的。

阮甲尚好耶献给她

订婚那天，祭祖时，阿嬷喃喃地告诉祖先：“今天咱小茹要订婚啰！她选的是阮宜兰故乡耶饼，劲——好呷！祖先恁着要甲伊保佑，嫁到好尪，幸福一世人喔！”咸咸的泪水，伴着甜甜的心情与深深的不舍，从我脸颊滴落，脑海中响起的是那首充满温情的歌：“细汉仔时阵阿嬷对我尚好，甲尚好的东西攏会留乎我，大汉了后，伊烦恼阮嫁了好不好？”今天我要出嫁了，很开心能将最甜蜜的回忆和最美味的饼，献给最疼爱我的阿嬷。阿嬷您放心，我已经是最幸福快乐的新嫁娘了，您也要长命百岁，等着做“阿祖”喔！

这篇故事情境营造极佳，本土用语讨喜亲切，因此我给予了高度评价。

第一段引爆点：运用“时间轴”的对比，由当年阿嬷出阁与现在我要嫁人，引出试吃喜饼的主题。情感描绘深刻，情景描绘鲜明，引人入胜，引发一探究竟的欲望。第二段转折点：颇为精练，将阿嬷有糖尿病，不可以吃糖分高的食物，与产品的独特销售卖点（使用海藻糖及天然牛奶）做了很好的连接。第三段价值启发点：动之以情，以“感性情怀”的铺陈做了完美结尾。

此故事营销手法，以“时间”、“空间”、“人物”的架构娓娓道来商品的“感动力”，在听故事的当下，让人在想象中得到五感（视、听、触、味、嗅）的真实体验。

玉兔原子笔——走过一甲子的传承，坚持捣笔的玉兔

怎么这么难削！

老妈妈坐在小板凳上，顶着昏黄的烛光，手拿着菜刀，为她心爱的小男孩将粗糙的树枝铅笔一刀一刀、一片一片地削出尖来。小男孩渐渐长大，但那慈母深情的背影却一直在他的心田缭绕，一个想法应运而生：我能否为大家做一枝“好写方便的笔”。

人手一支的小兔子

小男孩成家立业后，远赴日本学习并回家乡继续钻研，于1965年生产了“全台湾第一支原子笔”——就是那枝“啵”的一声，黄杆蓝帽的F220原子笔。

自此大家出门不必背着砚台，写字不用带着刀片，灵感一来，随手写下，写意人生。尔后每每想起学生时代书写的美好，就像中秋赏月时天上的一轮明月，手上一支玉兔一样。

择善固执的一窝兔子

2008年，玉兔第二代为着这只小红兔的未来，导入观光服务业精神，在宜兰老厂成立“玉兔铅笔学校”，将“工厂观光化、观光工厂化”的最新理念实际应用出来，让这只小红兔的精神与坚持，再次灵动地在大家面前“跃动”。现在常可听

到老朋友感性地惊呼“啊！这就是我小时候用的那支笔耶！”

割稻饭——请大伙来凑热闹喔！

来唷，割稻子啊，大家快出来啊！

忆儿时，阿公与左邻右舍在稻田间辛劳地插秧、播种，汗水有如雨水般落下，瞭望田头，等待着午餐时光的到来。我们兄弟俩就好像阿公的传令兵，只等阿公一声令下：“叫你阿嬷好煮饭啊！”田埂间的大伙与我们两个小猴仔，都在期待着阿嬷和母亲大展厨艺。

看到阿公、阿嬷的辛苦，感受做人儿女的幸福

在早期物资食材匮乏的年代，通常都是家里有什么食材就煮什么，有什么东西就吃什么。阿嬷与母亲总是能够把最平凡常见的食材，做成最美味的佳肴。每次阿嬷迈着稳健的步伐，走向田埂间大喊着“吃饭喔”，阿公与左邻右舍便放下割稻的工作，走到阿嬷的身旁。阿嬷慢慢拆开绑着大红花布的竹篮，里头的菜肴香味立刻吸引了大伙，肚子也跟着咕噜、咕噜地叫了起来。看着阿公与大家满足的表情，阿嬷也露出了得意与幸福的笑容。

阿公、阿嬷的“种稻心”、“割稻情”

随着时代变迁，光阴的流逝，大家也慢慢淡忘了农忙时的辛劳。2011年，阿公的背影只能凭脑海的记忆去想念了，阿嬷的步伐也随着时光变得更加缓慢和沉重。我与弟弟决定，要传承阿公的精神和阿嬷的心意，做起了割稻饭，想要填满阿嬷对阿公的想念，唤回大家的“种稻心”、“割稻情”！

诚心邀请大家来谷仓餐厅，体验割稻饭的辛劳幸福滋味！

本故事情境营造极佳，本土用语讨喜亲切，因此笔者给予高度评价。第一段引爆点：运用忆儿时的“时间轴”，随即人物序列出场：阿公与左邻右舍、两个猴团仔、阿嬷和母亲。接着情景描绘鲜明：插秧、播种、大汗有如雨水般落下，引出田埂间香喷喷美味饭肴主题，埋下引人入胜、一探究竟的欲望。第二段转折点：“有什么食材就煮什么”、“看着阿嬷慢慢拆开绑着大红花布的竹篮”，做了很好的关联性连接。这两者已经缓缓铺陈谜底答案，所以应该实时列举一些当下吃到的食材，才不会有隔靴搔痒的遗憾感。第三段价值启发点：动之以情。情真意切地追忆阿公，并点出阿嬷的步伐沉重，带出“种稻心”、“割稻情”。感性情怀充分流露，在此对割稻仔饭故事做了完美结尾—— 传承阿公的精神和阿嬷的心意！

此故事运用情景描绘如：“汗水有如雨水般”、“肚子也跟着咕噜、咕噜地叫了起来”、“阿公的背影只能凭着脑海的记忆去想念”等，触动读者五感神经。

“六源味”厨师的转型历程—— 衣带渐宽终不悔

心痛的感觉

人称“小六哥”的我，原本在台南经营两家日本料理店，经常在找寻鱼食材上遇到困难。有次休假，我开车回母亲的故乡宜兰，发现这里有很多近海鱼货，很适合用来作为日本料理食材，顿时心生一念，决定在这里挑战制作北海道名物“一夜干”。因为以前在店里也常制作鲭鱼一夜干，所以这次我想以创新的手法将它商品化卖给同行。于是我兴冲冲地与姐夫一股脑儿地投入生产营销，“校长兼撞钟”的我，既要生产，也要到台北招揽客户，就这么两头跑。

我们的做法是以料理店原本的制作方式加大产量来生产，但由于设备及流程不对，导致无法在大量生产时做出与料理店相同的口味。产品无法得到客户的青睐与采用，眼看着上百箱产品滞销、损坏，我的心里很是难过。这是我创业以来遇到的最大的低潮。

卧“腥”尝胆，“六源味”鱼道成功

在一个去台北找客户的午休间隙，我决定到图书馆搜寻相关数据以找出解决问题的方法。一年后，我才从无数次失败的试验中找到比较好的生产流程。

之后，我信心满满地北上，向一间有三十多年历史的日本料理店推销我的商品。但老板却以为我的原材料是次品，不可能做得出好的鲭鱼料理，将我的鱼丢在桌上。我再三恳求老板给我一次机会，请料理师傅试试我的鲭鱼。一星期后的

晚上，我接到老板的电话，他向我订购了两箱鲭鱼。这是一年多来最大的一笔订单，我高兴得晚上睡不着。他是我生命中的贵人。

衣带渐宽终不悔——自我超越，向生鱼片发起挑战

此后我陆续接到许多订单，觉得事业总算有起色了。在客户的要求下，我们也开始增加一夜干的种类。不过，身为料理人，最向往的食材自然是对鱼的最高鲜度要求 —— 生鱼片食材。

要在传统市场取得生食等级的食材相当不容易，我再一次向物料源头前进。为了找鲔鱼，连夜开车前往东港；为了要鲑鱼，到桃园机场找进口贸易商，就是希望取得第一手的生鲜食材，再用新的包装及专车配送方式，将生鱼片食材交给日本料理店。不久，在料理界同业的介绍下，我认识了一位五星级的日本料理主厨，他亲自到我们生产鱼货的环境视察并试吃，我满脸期待地看着他。他缓缓说了一声："赞！"并决定向我们采购一夜干及生鱼片食材，还把我们推荐给其他日本料理与饭店同行。我在一旁流下了喜悦的泪水。

如今"六源味"以永续经营为己任，希望借由我们不断的努力，让好的鱼货可以快速地交到料理师傅手上，也让更便利的鱼产品能直接送到消费者手上，享受更好的生鲜资源。

第四章 ▶

领导，活用你的故事力

好的领导者往往是说故事高手。说故事能增进沟通、启迪智慧、丰富情感。

乔布斯在二零零五年斯坦福大学毕业典礼上，运用三个故事——“串起生命中的点点滴滴”、“关于爱和失去”、“关于死亡”，赢得听众起立鼓掌两分钟。王品集团创办者戴胜益看“海豚表演”引发的激励故事，前奇美实业董事长许文龙的“钓鱼”管理哲学故事，都是通过故事隐喻利润分享的实践。

领导者运用故事，在潜移默化中激励与教化人心。

01 会说故事的领导人——说故事，说出影响力

哈佛大学认知心理学教授霍华德·加德纳（Howard Gardner）说："每一位伟大的领导者，都是很会说故事的人。"

先说故事，再讲道理！故事，是最有魅力的领导方式，故事可以活化愿景、凝聚共识，达到领导者设定的目标。

富邦金控董事长蔡明忠，日前在新北市树林三多中学对四百多名学生发表演讲，推动青少年建立正确金钱观：克制物欲。他说了一个故事，坦言从小妈妈管教很严，不准他们兄弟吃糖，"被迫"克制物欲。所以他童年最欢乐的时光，是每逢过年可以大吃大喝的时候，每个长辈都会拿糖给小孩吃，吃糖的时候他终于得到片刻的物欲满足。

通过故事，蔡明忠先生引导同学先分辨"什么是需要，什么是想要"。有同学答："早餐是需要，买专辑是想要。"他接着说，只买想要、不买需要的东西，就是浪费，并引用闽南语俗谚"人有两只脚、钱有四只脚，人要去追钱，永远都追不上"。因此，他希望中学生，年纪虽还小，但也要控制"物欲"。

王品集团戴胜益董事长在集团内树立的"龟毛家族"条款，是企业价值观的

体现，它不但规范了个人操守，甚至连员工私人买车的等级都做出了要求。其实这背后有一段故事。

多年前，有一位王品的计时洗碗工，她每天来工作四个钟头，一个月薪水一万元台币。这位老太太不但做洗碗工，每天上下班还随身带一个布袋，沿路回收废罐子拿去卖。有一天，她在路上低头捡罐子的时候，不幸被车撞死了。

这件事让戴胜益开始思考什么是企业文化？“一个为家计营生到王品集团来洗碗的老太太，看到总经理开着百万名车代步，会造成自身的自卑和公司内部的阶级落差加大，这不是企业文化，这是炫耀文化。”

他卖掉豪车，辞去司机，自己买了一般的商旅车。戴胜益以身作则，放弃名车，其他一级主管跟着效法，至少两位主管也停开名车。戴胜益说，这件事情让他对企业文化的养成，有更深刻的启发。

前奇美实业董事长许文龙的“钓鱼”管理哲学故事，则是利润分享理念的体现。许文龙说了一个故事。

有一次一群朋友钓鱼，结果只有他钓到，别人没有，整船的气氛变得不太好。他想，一群朋友钓鱼，如果只有他钓到而别人没有，整船的气氛就会很坏，气氛最好的情况是大家都钓到一样多，或大家都没有钓到。钓鱼不是为了吃鱼，而是大家一起分享在一起的乐趣。

所以，他将每年超过公司营利目标外多赚的部分利润还给下游的厂商，虽然钱数不多，但却可以赢得厂商对企业的信任及认同；并且早在20世纪80年代就开始实施员工入股制度，目的就是让员工和老板直接受益企业的获利。

IBM有一个这样的传闻：前任总裁插马斯·沃森（Thomas Watson）有一天陪来宾参观公司，没想到却因未带识别证而被警卫挡在大楼门口。陪同的人力主管大声呵斥警卫，却被沃森阻止。他赞赏警卫尽忠职守，没有因为特权而网开一面，这也凸显IBM“安全性”的核心价值。

四则故事体现出：故事，可以活化愿景、凝聚共识、建立企业组织文化，有助于达到领导者设定的目标。

此外，相较于写故事，临场说故事需要多一些声调语态、肢体语言的表现。声调语态是运用抑扬顿挫、轻重缓急的语调，塑造听者身临其境的氛围，给人以听声辨人的感受。肢体语言是当角色不止一人时，可善用“移形换位”肢体互置法，模拟多人情境。此外还可以善用停顿效果，以制造悬疑、好奇的气氛，让听众产生联想。

要说好一个好故事，请掌握下面的要诀：

- 利用“TTI”三段落，聚焦重点与目的，重新剪裁繁冗枝节。
- 不要为故事而说故事。感动别人之前，先感动自己。
- 多观察社会动态与周遭变化，联系生活经历，才容易引起共鸣。
- 有些创造的故事可掌握七分真实、三分改编的原则。
- 以金句或俗语收尾，有助于故事达到完美结局。

☑故事管理工具：领导人说故事

❶“我是谁”的故事（领导者的价值观与信念）

____

____

❷“我们是谁”的故事（培养团队或组织的认同感）

____

____

❸“我们要往哪里去”的故事（一起实现梦想和目标）

____

____

02 领导者用故事，在潜移默化中激励与教化人心

通过不同形态的领导与管理的故事，引导管理者找出自己的故事源，引发感性情怀，自然而然成为说故事的赢家！团队更可以运用好的故事，当做管理的利器。此外，随手拈来的真实案例也可以引述作为故事，让听者向故事中的典范与标杆学习，领略管理与领导的内涵。

乔布斯在二零零五年斯坦福大学毕业典礼上，讲了三个故事——“串起生命中的点点滴滴”、“关于爱和失去”、“关于死亡”，赢得听众起立鼓掌两分钟。

在我的职业生涯中，有一位令我印象深刻的业务部门副总，他很善于运用“故事领导”的方式来启发我们。那一年，时值我担任电信公司的业务处长，带领约六十余人的业务团队。当我正为如何在承上启下的过程中扮演好自己角色而苦恼时，在一次处长级的会议中，副总缓缓说了下面的故事：

甲、乙两军对峙已久，战况胶着，双方人马各约一百人，他们必须抢占山头制高点，才能克敌制胜。山头制高点位于两军阵地中央位置，距离相等，然而沿途路况崎岖泥泞，必须靠行军才能抵达，所以谁先登上山头谁就会获胜。

甲军指挥官军令严明，日夜行军甚为操劳。他在行军过程中注重效率与方法，晓以大义之余，不忘鼓舞士气，恩威并施。沿途虽不乏体力不继掉队者，但全军以大局为重，不因小失大，所以花了三天时间有八十人抵达山下，然后就迅速登上山头。乙军指挥官宅心仁厚，体恤部属，行军过程走走停停，尽量配合部属的行军速度，所以花了四天才到山脚下，成员一百人全部到齐。但此时，乙军遥望山头，只见甲军好整以暇，已在山头上架好一排重机枪，乙军惊恐之余还来不及躲避，就响起一阵“哒哒哒哒”扫射声，乙军一百人全军覆没。

故事停在这里。副总经理沉默了一会，让大家回味故事情节，并询问大家的心得感触。接着，他开始解读故事的内涵：如果甲军指挥官代表的是“残忍的仁慈”（全军以大局为重，不能因小失大，残忍牺牲二十人，仁慈保全了八十人），那么乙军指挥官则是“仁慈的残忍”（仁慈配合一百人的行军过程速度，最后却换来牺牲一百人的残忍结果）。接着他问大家：请问在团队领导的过程中，你们会是哪一种指挥官？我们不约而同选择了第一种。赢得部属满意就会受到欢迎，这固然很重要。但作为领导者，掌控全局，服务大众，创造卓越绩效才更值得尊敬。

哇！会说故事的领导人真有魅力。说故事，说出影响力。

领导者说故事形态

领导类型	故事源
自我领导	情绪管理、时间管理、压力管理
一对一领导	积极倾听、同理心、激励、沟通
团队领导	项目管理、目标设定、执行力
组织领导	愿景、权能、授权、冲突、变革
教练型领导	以身作则、信任、尊重、关怀

☑故事管理工具：领导沟通的故事源

领导类型	故事源
自我领导	
一对一领导	
团队领导	
组织领导	
教练型领导	

03 故事让愿景鲜活——先说故事，再推项目

我相信在那些杰出事迹和优秀项目的背后，一定都有动人的故事。如果能够挖掘这些项目背后的故事，不论它是凄美悲切或昂扬激励，都会增添几许动人的感性情怀。而这些感性情怀所激发的借镜隐喻，或将有利于“项目领导人”扫除在过程中遇到的障碍，并强化与“利害关系人”的良性沟通。这就是故事可以发挥的影响力。

人类历史上有许多令人叹为观止的工程建设，都可视为某种形式的“项目管理”。例如：桥梁、铁塔、长城、水坝、运河、金字塔等，以及北京奥运、高雄世运、上海世博、台北花博、伦敦奥运场馆的建筑，都需要项目经理人或负责人确切掌握“时间”、“资源”、“预算”等关键因素，以提高质量，展现优秀成果。

举例而言，我刚从捷克旅游回来，那里最为世人熟悉的两个景点，莫过于伏尔塔瓦河（Moldau，或称Vltava穆尔岛河）及查理大桥（Karluv mos或称Charles Bridge）。导游告诉我们，捷克音乐家史麦塔纳的交响乐诗《我的祖国》第二乐章，就在描绘伏尔塔瓦河。而捷克神话又为这条河加上一个水上幽灵——一个穿

着绿夹克、抽烟斗、乐于为人提供忠告的小矮人——更引发人们无限的遐思而广为流传。

至于查理大桥则是布拉格最古老的一座桥，跨越伏尔塔瓦河。我立刻想到，如果将查理大桥的兴建过程，看做是一项“项目管理”，那背后有什么故事呢？导游告诉我们，查理大桥的兴建可追溯至一三五七年，由查理四世的教堂建筑师彼得·帕勒主持兴建。传说，这座桥的砂浆里掺入了鸡蛋，所以比较坚固，数度遭受水灾破坏却从未倾倒。桥的两侧共有十五座以宗教故事为主题的雕像，其中一座最负盛名的雕像是头戴金冠的圣约翰雕像（St John Nepomuk）。传说国王瓦茨拉夫四世的王妃，曾向内伯穆克告解自己的心事，而国王疑心甚重，欲迫使内伯穆克透露详情，但遭到了内伯穆克的拒绝。因此国王在公元一三九三年对其施以酷刑，将他从桥上抛入河中。后继者追封内伯穆克为圣人，为他建造雕像，供世人凭吊。

故事说完后，导游还怂恿我们去摸一摸这个雕像，以求为自己带来好运。我心想，不知当时的雕刻家在从事这座雕像的项目工作时，是戒慎恐惧、感觉意义重大，还是热情澎湃、缅怀圣人风范？但相信他们绝对想不到，这座雕像竟会因这个“故事”，在数百年后被观光客抚摸得铮亮。

听完了西方查理大桥的故事，还有东方万里长城的孟姜女万里寻夫、哭倒长城的故事。

万里长城“项目”在兴建过程中，不知“大工头”秦始皇在工作任务的规划与分配中，是否顾及到了各“利害关系人”的权益与负担？“大工头”可能想不到，旷世奇迹的长城建筑背后，竟然还蕴藏着一桩故事：一个秦国筑城的役人名叫杞良，不堪劳苦，偷偷逃走，被抓回工地后受刑致死，遗骸埋在墙基。杞良的妻子孟姜女万里寻夫，连哭十天，最后哭到城墙崩塌，终于找到埋在墙基下的遗骸，为万里长城平添几许凄美哀伤色彩。

还有一个《旧约圣经·出埃及记》中摩西的故事，可用来隐喻项目管理中所需具备的几项知识领域，如“沟通管理”与“时间管理”等。

摩西是生于公元前十三世纪的犹太人，从小戏剧性地被埃及法老王女儿领养，在宫廷中接受良好教育，却默默地看着他的同胞以色列人在埃及过着奴隶生活。摩西长大后，有一次他实在看不惯埃及长官虐待鞭打以色列奴隶，竟失手杀了埃及人。为了逃避法老的追杀，摩西只好亡命天涯，在米甸的旷野中牧羊长达四十年。在他将近八十岁的时候，耶和华在西乃山呼召摩西出来拯救以色列人，救他们脱离埃及人的魔爪，领他们到美好、宽阔、牛奶与蜜的迦南美地生活。

这个艰巨的任务，对于笨口拙舌的摩西而言相当为难，但是“天将降大任于斯人也”，摩西不愿推卸应担的责任。当摩西到埃及法老王面前，请求法老王准允让以色列人离开埃及时，法老王立即大发雷霆，不肯应允。后来摩西在与法老王谈判交涉的过程中，配合上帝的旨意，逐一降下十样灾害：水变作血之灾、蛙灾、虱灾、蝇灾、瘟疫、疮灾、雹灾、蝗灾、黑暗之灾、长子灾，意欲使法老王刚硬的心屈服。直至最后第十灾，法老王自己的长子也被击杀，他才勉强同意让以色列人离开埃及。

而当摩西带领着两百万以色列人出埃及，即将走到红海边界时，法老王却突然后悔，立刻指示追兵在后追赶。此时上帝指示摩西，要他举杖向海，伸手把海分开，于是海就像墙垒一样向着两边分开，以色列人就步行下到海中走干地。当埃及军马从后面追赶过来时，海水又合起，无尽的海水随即把埃及军队淹没，以色列人终于顺利过了红海。

我试着以这个故事隐喻项目管理中所需具备的知识领域，如整合管理、范畴管理、时间管理、成本管理、质量管理、人力资源管理、沟通管理、风险管理等。

❶**整合管理：**摩西必须先制订计划，评估与法老王的各种冲突情况，在方案之间进行取舍，并监控进度，以达成出埃及的目标。

❷**范畴管理：**摩西要明确哪些工作隶属于本次项目的范畴。例如在第十灾击杀长子前夕，吩咐以色列人每一家要宰杀一只羊羔，将羊羔的血涂在房屋左右的门框和门楣上，晚上不可出门，以免被神误杀。如此有序地将工作分配执行，以免工作范畴陷入无止尽的延伸。

❸**时间管理：**摩西与以色列人必须按时配合神的行动与旨意，如期整装出发、行走、跨越红海，这都需要对时间予以规划、安排，在成本、时间与风险之间加以调整。

❹**成本管理：**出埃及时，除了妇人、孩子外，步行的男丁约有六十万，还有羊群、牛群等许多牲口，涉及有形与无形的费用规划、估算，必须确保能在预算内完成项目。

❺**质量管理：**摩西除在预定的时间和预算内控制成本，还要确保人员安全顺利出埃及，这就是质量管理。否则人数死伤大半，这次行动就不算成功。

❻**人力资源管理：**摩西的好帮手是他的哥哥亚伦，还有以色列各会众的首领。这是为了招募适合该项目的人，或随着项目的进行培育人员的技能，以成功完成任务。

❼**沟通管理：**摩西要通过"晓之以义、动之以情"的沟通方式，去说服法老王和以色列会众。就像在项目管理的过程中，可通过正式和非正式的沟通形式，传播并储存整个项目所需的讯息。

❽**风险管理：**摩西与法老王谈判是风险，可能动辄就会被处死；神降下十灾是风险，可能招致法老王的愤怒报复；以色列人出埃及是风险，可能遭致法老

王的军马追赶杀戮；以色列人凭着信心过红海是风险，可能葬身海底。所以项目风险管理包括：风险规划、识别、分析、应对和监控的过程，其目标在于考虑周延，有备无患。

04 从真实报道中搭一座桥，学习管理与领导的艺术

身边发生的真实案例也可作为故事，挖掘故事背后的内涵，让听者向故事中的典范与标杆学习，受到管理与领导的启示。

二零一零年十月十四日，三十三名被活埋在智利北部圣向塞铜矿场地下600多米的矿工，在经历破世界纪录的六十九天幽闭生活后，终于在第七十天陆续重见天日！这个“智利矿工脱险记”故事的背后也成就了一个伟大的工头：乌尔苏亚。让我们先回顾一下整起事件记者的报道：

2012年8月5日中午，正在矿坑内吃午餐的矿工们听到轰然巨响，随后，矿坑发生了坍塌。过了三四个小时，漫天尘埃逐渐平息，大伙跑过去看巨石，经验老道的乌尔苏亚一看就知道这下有得等了。许多人认为最多等两天，而乌尔苏亚心里明白，绝不可能这么快。

身陷地底625米深，不知此生还能不能再见到太阳，也不知道地面上的人是否会来救他们，矿工们都恐惧不安。乌尔苏亚跳出来喊话，他告诉大家，若无法团结，为生存而奋斗，就只能相互争吵，在分裂中等待死亡。

乌尔苏亚的冷静镇定安抚了大家，三十二名矿工就此认定乌尔苏亚是他们的领袖，服从他的指示。为了生存，眼前必须要解决食物和饮水问题。矿工们马上把方才吃剩的午餐集中，加上避难所的紧急食粮，矿车上的一小壶水，全交由乌尔苏亚分配。四十八小时，每名矿工只能吃两小匙罐头鲔鱼，一片口粮，喝两口牛奶。因为食物只有一点点，所以乌尔苏亚规定，必须等到所有人都领到食物，大家一起开动，不准任何人先吃。

严格而自制的食物分配使矿工挨过最难熬的前十七天，让他们撑到八月二十二日，救难人员发现他们还活着。

乌尔苏亚知道，想要活下来，除了等待地面救援，他们还有很多事要做。首先得搜集信息，提供给救难人员参考。他把矿工分成三个小组，“一零五小组”负责巡逻矿坑，勘察地形并注意任何变化；“坡道小组”负责监测坑内空气质量和湿度；“避难所小组”负责整理栖身处，分配地面传来的补给品。矿工的头灯、运输车的动力都很珍贵，乌尔苏亚严格规定头灯和车辆的使用时间，调派挖掘机挖通水源，供矿工饮用和盥洗。他也为矿工们排出“功课表”，每天工作八小时，休闲及运动八小时，睡眠八小时。早上八点点灯，晚上十二点熄灯，在坑内规律作息。有事可做，矿工们胡思乱想的时间就少得多。

美国有线电视新闻网（CNN）报道称，每次乌尔苏亚和地面视讯通话时，都可以看到他的面前摆着一堆文件和数据，显示乌尔苏亚不停地在搜集各种信息，根据地底状况和地面的救援进度做出分析和决策。

借着地面送下来的行军床、枕头、录音机、纸牌和书，矿工们把避难所建设成了一个临时的“家”。乌尔苏亚搬来一块运输车的引擎盖当成书桌，凭着他对矿坑的熟悉，在上头绘出一幅幅的矿坑地形图，送上地面供救援人员参考。

救援人员打穿岩层找到矿工时，第一个和智利总统品尼拉说话的正是乌尔苏亚。他以矿工领袖的身份，对总统提出“不要丢下我们”的请求。矿工们团结一致，为了同一目标努力。但是，在救援的最后一刻，他们却为了升井顺序爆发激烈的争吵。原来，每个人都争着最后一个出坑，想把早点出去的机会让给同事。

不过没人抢得赢乌尔苏亚，他像是领着船员在惊涛骇浪中航行的船长，他的英勇的身姿让人难忘。他在灾难中压阵，最后一个出坑，是矿工、家属、智利乃至全球民众心中的英雄。

他的同事戈麦斯说："这是他的天性，他是天生的领袖。"

可以从上面的故事中，归纳几项领导者在危机处理过程中的成功特质：

❶专业知识与直觉：经验老道的乌尔苏亚一看就知道这下有得等了。

❷临危不乱的关键喊话：跳出来喊话，他告诉大家，若无法团结，为生存而奋斗，就只能相互争吵，在分裂中等待死亡。

❸冷静沉着的信心态度：乌尔苏亚的冷静镇定安抚了大家。

❹严格而自制的食物分配：使矿工挨过最难熬的前十七天。

❺拟定有效计划：他把矿工分成三个小组，为矿工排出"功课表"，让大家作息规律。

❻决策判断的周延辅助：不停搜集各种信息，根据地底状况和地面的救援进度，做出分析和决策。

❼苦中作乐的创新思维：把避难所打理成一个暂时的"家"；一幅幅地绘出矿坑地形图。

❽目标管理与坚定毅力：为了共同目标，努力到最后一刻。

05 问题解决的线索——好故事的五个元素

感动人心的“好故事五项元素”：激情、英雄、敌人、觉醒和转变。

——麦克斯韦尔。迪克曼《好故事无往不利》

这个故事是英国流传的一段民谣，起源于一场将决定由谁来统治英国的战役。

一四八五年，国王理查三世亲自率军，准备与里士满伯爵亨利决一死战。战斗开始前，理查命令马夫装备好心爱的战马。但铁匠在帮战马钉蹄铁时，因为缺了几根钉子，所以有一块马蹄铁没有钉牢。

开战后，理查三世身先士卒，冲锋陷阵。

“冲啊，冲啊！”他高喊着，率军冲向敌阵。

眼看理查三世的队伍将要获胜，突然，国王的坐骑掉了一块马蹄铁，战马跌翻在地，士兵见国王落马，纷纷转身撤退。敌军见状围了上来，就这样俘虏了理查三世。

一根铁钉都不能少的故事，启示我们“质量”的重要性。质量是企业与组织绩效的衡量，也可泛指一般商品或服务的水平。日前黑心塑化剂、食品原料的弊案，就是罔顾人命、不重视质量的危害教训。

此外，拥有232年历史的英国巴林银行，与158年历史的美国雷曼兄弟集团，掀起金融海啸的滔天巨浪，落得一夕垮台的结局，也是因为忽略了内部稽核控管与道德操守的质量问题。

故事，蕴含着激励与教化人心的警世功能。美国好莱坞的著名编剧与导演麦克斯威尔与迪克曼，在《好故事无往不利》中提出说故事的五个基本要素：

❶激情

要热血，感动自己才能说服他人。点燃激情，让他人知道为什么你要讲这故事。

❷英雄

英雄永远让人惊奇。以英雄串连故事，以故事打造信任。

❸敌人

敌人是故事的流动与弹性。敌人与英雄的互动，才能释放故事蕴含的情感。

❹觉醒

以“觉醒”召唤口碑，让别人替你说故事。

❺转变

提炼出故事过程中的经验，创造“转变”就能激发行动，实践美好人生。

此外，他们强调在说故事中强化听众记忆的五件事：

- 情感对记忆很重要，记忆是决定多数成交的基础。
- 记忆是整体的，因此要注意说话的语调与表情。
- 通过不断重复的方式，产生情感的记忆。
- 视觉要素与口语重复效力宏大。
- 营造情境，铺陈听众习惯走过的心灵路径。

故事的五项基本要素

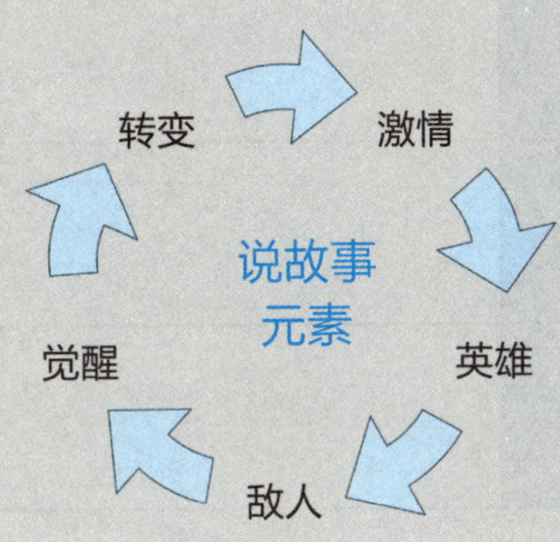

故事管理工具：说一个好故事

运用以下工具栏，找出你故事的五项基本要素：	
激情	
英雄	
敌人	
觉醒	
转变	

06 英雄与敌人：克服障碍的救世主与人性软弱的表征

自古以来，英雄的故事屡见不鲜，但是英雄或是敌人却是取决于个人心中的定义与成见。

《三国演义》里面有一段“青梅煮酒论英雄”的故事。

刘备归附曹操后，每日在许昌的府邸里种菜以韬光养晦。一日，曹操备了青梅，煮酒邀刘备宴饮，议论天下英雄。席间曹操先指了指刘备，后指了下自己，说：“当今天下英雄，唯使君与操耳！”

当时天雨将至，雷声大作。刘备故意装作受了惊吓的样子，筷子掉到地上：“一震之威，乃至于此。”

曹操笑着说：“大丈夫亦畏雷乎？”

刘备说：“圣人言迅雷风烈必变，安得不畏？”将内心的惊惶，巧妙地掩饰过去。英雄也懂得好汉不吃眼前亏，识时务为俊杰。

英雄往往能以小搏大，以弱胜强。著名的“小虾米对抗大鲸鱼”，讲的就是以色列牧羊少年大卫与巨人歌利亚的故事。

大卫是以色列伯利恒的少年，在旷野中为父亲放羊，他是个非常勇敢的人。有一次，大卫在牧羊时野兽来攻击他的羊群，他一人就打死了野兽，救了羊群。大卫还很有音乐才华，他不但会唱歌，还会弹奏竖琴，这些音乐陪伴他度过了漫长而孤独的牧羊岁月。

当时以色列的国王名叫扫罗，他常常担心自己的王位会被取代，因此苦闷不堪，寝食难安。扫罗身边的大臣得知伯利恒的少年大卫善于弹琴，就派使者带着一只羔羊和一袋美酒将这位小琴师请入宫中。每当国王扫罗心情烦躁时，大卫弹奏的优美乐曲，总能使扫罗的心情舒缓，得到平静。

公元前一零二五年，一群野蛮的非利士人前来攻击以色列国，他们召集了大军，驻扎在东边的山头和以色列大军对垒。这一次非利士人派出一名巨人，名叫歌利亚。他身高约三米，头戴铜盔，身穿铠甲，重约五十公斤，腿上有铜护膝，手持大铁枪凶猛挥舞着，枪头重达八公斤，枪杆粗如织布的机轴。

歌利亚在以色列军队前大声叫阵："扫罗，你的国家不是很强大吗？在你国中拣选一人，出来与我决一死战。将我杀死，我们非利士人就做你们的仆人，我若胜了那人，将他杀死，你们就做我的仆人，服侍我们。"

巨人歌利亚每天早晚都在两军阵地之间叫战，这样日复一日，几个星期过去，以色列人深感恐惧，没有人敢出来与歌利亚对阵。此刻，以色列人都感到羞耻，希望有人能出来承担责任，带他们摆脱这种屈辱的窘境。

歌利亚连续骂阵四十天，以色列人心里害怕，不敢迎战，军中粮草所剩无几，百姓人心惶惶，军心动摇。扫罗向全国发布通告许下重赏：谁能将歌利亚杀死，重金奖赏，并把王的女儿嫁给他为妻，免他父家三年纳粮和当差。

有一天，大卫正好听父亲的吩咐，送大麦饼给出征前线的三个哥哥。他来到前线，自告奋勇愿与歌利亚一战。扫罗一看大卫，认为他年纪太轻，根本就不是身经百战、所向无敌的歌利亚的对手。

大卫说：“我在旷野中为父亲放羊，有时狮子或熊跑来吃我的羊羔，我就追赶它，击打它，将羊羔从狮子或熊口中救出来。”

扫罗只能祝福他说：“你可以去！我们与你同在。”

大卫上场后，躲过了歌利亚的长矛，从袋中取出一块石子，以机弦甩石，在头顶甩了几圈，打向歌利亚。石子被甩到歌利亚的前额上，巨人应声倒下，扑地死去。

谁也没料到，大卫甩出的石子会不偏不倚地打中歌利亚的额头，谁也想不到那巨大的歌利亚就这样被戴维打中要害，当场倒在地上断了气。非利士人见歌利亚被大卫杀死，以色列士兵又一齐杀了过来，大家乱成一团，扔下旗帜、战鼓便慌忙逃跑了。

小牧童大卫靠着以往的牧羊经验与保卫国家的决心，勇敢赴战场，依靠机弦甩石，击杀令以色列众人惊怕的歌利亚，唱出了得胜的凯歌，一夜之间成了全国传颂的英雄。戴维长大后，当上了以色列的国王。

故事中的高潮，往往在于英雄与敌人的对抗。英雄永远不缺乏拯救世人的惊奇能力，英雄是克服障碍、打败敌人的救世主。敌人是人性沉沦的表征，可以是外在的实体角色，也可能是自己心中既定的思维与成见。英雄打败敌人，让世界更美好。

第五章 ▶

说出文创软实力

每个商品、每个建筑都有自己写故事的方式。
每个城市、每个国家都有自己说故事的方式。
在文创世纪中，“让世界看见中国！”

01 故事刺激五感，发挥文创的力量

“说故事”勾动一个人脑海里对过去的回忆和对未来的期待，隽永且一致，未来更是属于“说故事产业”的世纪。从文化创意、数字内容、设计、观光到生活产业，没有一个不靠“说故事”营利。

据统计，美国每年有超过三万亿美元产值的生意和“如何说动顾客”有关，这是个十足的“说服力经济”时代。

二零零六年，魏德圣因为《海角七号》的剧情需要，商请南投县信义乡农会研发一种“有点俗、有点可爱，且具有在地感”的酒品。于是该单位用一个月的时间进行研发，推出名为“马拉桑”的小米酒品牌。“马拉桑”在高山族语里的意思是“喝醉了”。这项产品由南投县信义乡农会所研发、生产，其广告标语为“千年传统，全新感受”，在《海角七号》电影上映后推出实体商品，持续售卖至今。靠着该电影的一炮而红，该项商品也卖到缺货。

苹果计算机在一九八四年推出的一支广告“Apple 1984”，也是通过说故事的方式造成了轰动。影片中，一群人坐在台下，通过屏幕聆听专制的领导者散播近乎洗脑般的言论思想（暗指 IBM 计算机系统即是高度专制统治者）。这时一位身

穿着橡皮布防水衣的女士闯入会场，快速奔跑着，手拿一把大铁锤，奋力一掷，打破画面，表示不愿再受到控制。台下一群人个个目瞪口呆，不可思议地仿佛觉醒一般。此广告在美国超级杯播放六十秒，播放后造成巨大影响，他们的产品也因此大卖。

“马拉桑”的小米酒有阵阵的酒香；苹果计算机广告中那一把大铁锤，奋力一掷的情境，让我们仿佛有被砸到的触痛。故事刺激了人们的五感：视、听、触、嗅、味觉。日本作家高桥朗在著作《五感营销》中，提到说故事跟卖商品之间的关系：“好故事有强烈的要求力，刺激你所有的感官。把使用商品的情境变成故事情节，脑海中就会浮现故事的场景，就可以听到想象的声音，甚至闻到空气中的香气，尝到妈妈做的菜的味道。”

全球化让软实力与硬实力变得同等重要。国际之间除了以军事和经济来威逼利诱之外，更要借文化价值来吸引或同化他国；企业集团除了以商品和服务来赢得市场占有率，更要借着企业文化与价值观来争取顾客认同。

故事，扮演最能轻易启动的软实力。故事背后的隐喻能通过感性情怀，达到理性说服。

故事刺激五感，发挥文创的力量

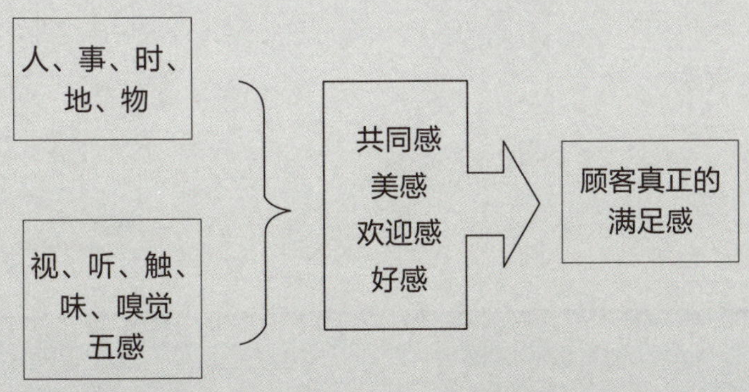

在文创产业中融入感官、情感、故事等营销元素

故事管理工具栏：找出故事中的五感力量

视觉	
听觉	
触觉	
味觉	
嗅觉	

02 童话带我们进入奇幻的魔法森林 

神奇瑰丽而富有想象色彩的童话故事，跨越了时间与空间的限制，展现在现实生活的世界中，满足了儿童的幻想需求及游戏心理。

小时候我看过许多童话故事，其中印象最深刻的是《格林童话》和《安徒生童话》。安徒生有许多脍炙人口的作品，包括《勇敢的小锡兵》《小美人鱼》《拇指姑娘》《卖火柴的小女孩》《丑小鸭》等。但我最喜欢的两篇是《五颗小豌豆》和《老爹做的事总是对的》，以下就先分享这两则故事：

故事1：五颗小豌豆

在一个豆荚里，长着五颗豌豆。豆子是绿色的，豆荚也是绿色的，豌豆们因此以为全世界都是绿色的。豆荚越来越大，豌豆也跟着长大了。小时候它们一直很守规矩地待在豆荚里，整齐地排成一行。但是，长大后的豌豆蠢蠢欲动，想要有一番作为。

有一天，一个小男孩在阳光下看见这个豆荚，就捡起它们，把五颗豌豆放在空气枪里当做子弹。

第一颗豌豆被装进枪管里，“砰”的一声射出后，欢呼地说：“哇！我马上要到广大的世界中去了，看你们谁能跟得上我？”第一颗豌豆说着，就消失得无影无踪了。

小男孩问第二颗豌豆说：“你要去哪里？”豌豆说：“我要飞向太阳去。”于是第二颗豌豆边叫着边飞走了。第三颗、第四颗豌豆怕被射出去，竟悄悄地从豆荚里溜走了。

小男孩拿出第五颗豌豆问：“你想要到哪里去啊？”第五颗豌豆说：“我想要飞到能为别人带来快乐的地方去。”小男孩说：“只有你最关心别人。”小男孩一扣扳机，于是第五颗豌豆就落到一个窗台的花盆上。

那是一户穷苦人家，一位妈妈带着一位患病的女儿。小女孩看起来身体虚弱且十分可怜。这天，妈妈出去工作了，孤独的小女孩躺在床上，发现花盆里长出了一棵小嫩芽。当太阳照进来，伴着微风，小嫩芽舒展开自己的叶子，仿佛在跳舞，也仿佛在告诉小女孩说你的病会好起来的。晚上妈妈回来，小女孩说：“妈妈，今天我发现花盆里长出了一棵小嫩芽。”

妈妈一看是一棵豌豆苗，顺便问小女孩说：“今天感觉好些了吗？”小女孩说：“今天太阳照在我身上，温暖又舒服。小嫩芽说我一定会好起来的。”妈妈高兴地说：“但愿我的女儿能像这棵豌豆苗一样快乐地成长。”于是妈妈就拿一根小竹竿支撑着，又拿一根线缠绕着它，让它可以向上生长。

从此，小女孩每天陪着豌豆苗说话，为它唱歌。豌豆苗一天一天长大，小女孩的病也一天一天地好起来。

终于有一天，豌豆苗开花了！粉红色的花瓣鲜艳美丽。小女孩脸上泛着健康的笑容，快乐地亲吻它。妈妈高兴地说：“非常感谢你啊，你就是美丽天使，是你帮助我女儿战胜了病魔，恢复了健康。”

有一天，玩气枪的小男孩经过女孩家的窗台前，豌豆苗轻轻地摇了摇枝条，快乐地对小男孩说：“瞧，我终于实现自己的诺言了，我是最幸福的豌豆花。”

儿童心理学家布鲁诺·贝托罕姆认为:“在童话中,人类内在的活动过程都予以表面化,假借故事中的角色与情节,呈现在读者面前,可见且可解。所以儿童在听故事的过程中,容易带入自己,发现自己并不可怜也不孤单,因为故事中的人物也和他们一样,经历了许多的波折与困难。”

故事2:老爹做的事总是对的

在一个农庄里,有一对老农夫和农妇,他们除了一匹马,也没什么值钱的东西,但是两人总能在生活中自得其乐。农妇总是亲昵地称呼农夫“老爹”,农夫总是亲昵地称呼农妇“老妈”。

有一天城里正好有市集,妻子说:“老爹,骑上马去吧,把马卖掉或换点什么东西回来。你做的事情总是对的,骑上马赶集去吧!”她替老爹整理好衣服,在他温暖的嘴唇上亲了亲,农夫便骑着马上路了。赶集的人多极了,老爹看到有一个人赶着一头母牛,母牛看起来很健康,于是老爹就用自己的马跟牵牛的人交换了。过了不久,他又碰到了一个牵着羊的人,那只羊看起来很不错,毛色很好。老爹用自己的母牛跟牵羊的人交换了。接二连三地,老爹又换了一只鹅,又用鹅换了一只秃尾巴鸡,最后换到了满满一袋的烂苹果。因为老爹每次交换都觉得物超所值,相当划算,所以十分心满意足。

这时老爹觉得天气很热,于是走进了小酒店,一直走到卖酒的柜台前。柜台边有两个英国人,他们非常有钱,口袋里有满满的金币。老爹从如何把那匹马换成牛,一直换到这袋烂苹果的事告诉了他们。

“是吗?等你回到家,你会挨揍的!”两个英国人说。

“我会得到亲吻,而不是挨揍。”农夫说,“我老婆会说,老爹做的事总是对的!”

于是他们打赌,赌注是“满满的一桶金币”。当妻子看到老爹进门,就给他一个热烈的拥抱,搂住了他的腰,称赞他:“你真行!”老爹说:“我用马换了一头母牛。”

“真是太好了，这下子我们有牛奶喝了。”妻子说，“还可以做奶油、干酪，换得太好了！”

“是的，不过我又用母牛换了一只羊。”老爹说。

“这就更好了。”妻子说，“你总是考虑得很周到，我们的草足够一头羊吃的。这下子我们可以喝羊奶，可以吃羊奶酪，还有羊毛袜子，和羊毛睡衣。你真是一个考虑周到的丈夫。”

“不过我又拿羊换了一只鹅。”老爹说。

“这么说我们今年有烤鹅吃了，老爹！你总是想着让我高兴。这真是个好想法。可以把鹅拴起来，到了节庆的时候，就可以把它养得更加肥一点。”

“不过我把鹅又换了一只母鸡。”老爹说。

“母鸡换得太好了，”妻子说，“母鸡会下蛋，孵出来便有小鸡，我们就能有座鸡场了。这正是我一心一意盼着的。”

“是的，不过我又把母鸡换成一袋烂苹果了。”老爹又说。

“我真要吻你一下了，”妻子说。“多谢你，我的好丈夫！隔壁邻居笑我们园子里什么也没有长，连个烂苹果也没有！现在可好了，我可以借给她十个烂苹果，是啊，借给她满满一口袋！真叫人好笑，老爹！”于是她便重重地在他嘴上亲了一下。

“我真喜欢这个画面。”两位英国人说。“虽然总是在走下坡路，但他们却那么乐观。这是很值钱的。”于是他们付给这位得到一个吻、而不是挨一顿揍的农夫，满满的一桶金币。

故事中的老爹，让我想起了荷兰画家梵高（Vincent Willem van Gogh）。前几年梵高的画来台展出时，我去看了。偶然瞥见一句最令我怦然心动的话：“在灵魂一角可能有着一座燃烧着炽热火焰的火炉，然而无人前来取暖。过客只瞥见烟囱的一抹轻烟，又匆匆继续他们的旅程。”我一直觉得梵高保有赤子之心，或许就是这份未泯童心，让他的画走进人们灵魂的深处。故事中的老爹保有赤子之心，虽然执着地活在自己的世界中，但总是正向思考，乐观面对生活中发生的一切事件。当然幸亏还有一位懂得欣赏他的老伴，就像动画电影中的史莱克欣赏菲奥娜公主一般，这真是“情人眼中出西施”。

故事管理工具：找出故事中的情绪字眼

《五颗小豌豆》故事中的“情绪字眼”有：蠢蠢欲动、欢呼地说、悄悄地、温暖又舒服、高兴地、欢欣快乐、笑容、快乐地、最幸福的。

试着找出你故事中喜、怒、哀、乐、爱、恨、欲的“情绪字眼”。

03 多样化的轶文趣事

故事中的轶文趣事以诗词歌赋，或寻章摘句的方式呈现，更显故事的意境深远。好的故事中的主角通常在理性谨慎的外表下，有着几许高感性、高关怀的人格特质。

公元一三六三年鄱阳湖大战，朱元璋以少胜多，击败陈友谅百万大军。据说战后第二天朱元璋微服私访了一座寺院。寺庙里的和尚看其煞气很重，便想解其煞气，打问其姓名。朱元璋以诗代答，在寺壁上题了一首诗：

杀尽江南百万兵，

腰间宝剑血犹腥，

山僧不识英雄主，

何必哓哓问姓名！

意思是："你这山林中的和尚，既然连我这大英雄都不认得，何必啰唆追问我的姓名呢！"其自负野心由此可见。

朱元璋打败陈友谅之后，已经有一统天下的雄心壮志，诗句之中自然透露出王者之气。朱元璋离开寺院后，住持和尚怕惹来杀身之祸，赶紧叫人把那首狂傲的诗洗刷干净。后来朱元璋得势后，发现之前在寺壁上题的那首诗竟然已经被涂掉，心中甚为不悦，立即传唤寺院住持兴师问罪。幸而，机警而颇负文采的住持从容妙答：

御笔题诗不敢留，

留时常恐鬼神愁，

故将清水轻轻洗，

犹有豪光射斗牛。

朱元璋一听哈哈大笑，高兴地放住持无罪归去。

还有一个传闻，据说有一次朱元璋去钓鱼，鱼儿老是不上钩，反观在旁陪钓的人却钓上了一条大鱼，朱元璋顿时怒气冲冲。这时翰林大学士解缙赶忙近前赋诗一首："数尺丝纶落水中，金钩抛去永无踪；凡鱼不敢朝天子，万岁君王只钓龙。"短短数语化解尴尬窘境，说得朱元璋心花怒放。

故事中的人物形象大多性格立体，有助于强化故事的张力。譬如杀气腾腾、颐指气使的英雄人物朱元璋，搔到他人性的软弱处，竟然也有纯朴可爱的一面。让人不只看到英雄人物的智慧、度量、勇气，也不乏激情、软弱、犹豫，如此才显得个个角色活灵活现，爱憎分明，有血有肉。

就像英国最杰出的戏剧家莎士比亚，他的故事结构融合了矛盾因子，人物都有性格鲜明的形象。譬如哈姆雷特王子复仇的忧郁与犹豫、李尔王的意气用事与幡然悔悟、奥赛罗（威尼斯大军的统帅）因嫉妒而失控杀妻、麦克白（苏格兰将军）轻信谣言而权欲熏心等。

04 历史故事借古喻今，鉴往知来 

历史故事除了让人缅怀当时的场景，更有借古讽今，借物喻人，借景譬事的作用。历史故事能搔到人性的软弱处，让听者陷入深深的思考。

在青年商会的一次演讲中，台下听众问什么是“同理心”？我便说了一个“摘帽拔缨”的故事：

春秋时代的楚庄王，有次打了胜仗，十分高兴。他在宫中大宴宾客与群臣，还叫自己宠爱的妃子许姬，轮流替群臣斟酒助兴。此时突然一阵大风吹来，将蜡烛吹灭，黑暗中有人扯住许姬的衣袖想要轻薄她。于是许姬顺手拔下那人的帽缨，立刻挨近楚庄王身边说：“大王，有人想趁黑暗调戏我，我已拔下了他的帽缨，请大王快吩咐点灯，看谁没有帽缨就把他抓起来处置。”

楚庄王对她说：“今晚酒酣耳热，我希望大家宾主尽欢，酒后难免失态。”于是楚庄王转而告诉众人，要大家扯下自己的帽缨，如此才能同饮尽欢。待大家都扯下自己的帽缨后，才命令重新点燃蜡烛。群臣在一片欢笑声中痛快畅饮，果然是宾主尽欢。

三年后，一次晋楚交战，楚庄王在战场上看到一位将官出生入死、英勇过人。兵士在他的感召下奋勇杀敌，士气激昂，终获大胜。回到宫中，楚庄王召他入庭问："寡人平时并未特别恩待你，为何你在战场上却表现出异于常人的气概？"那位将官说："三年前的宫中晚宴，臣酒后失态，欲轻薄许姬，却被许姬拔下帽缨，羞愧难当，本罪该万死，但大王设身处地为臣着想，化解臣的窘境。因此，臣亟思在战场上能图恩报答，万死不辞啊！"

故事说到这里，我问台下学员："你们听到了什么？"

有位学员回答，楚庄王能够"设身处地"为那位大臣着想，大臣才愿意剖心掏肺，拼死回报，这就是同理心的表现。"同理心"是指能够将心比心、设身处地了解他人的想法与感受。英国的谚语把同理心比喻为"穿别人的鞋子，走一英里的路"，实在是很贴切的。因为只有穿进他人鞋内，你才能体会他人的处境。

这个故事让我联想到日前塑化剂、剧毒农药、毒淀粉等黑心食品问题，就是极度缺乏将心比心的"同理心"。更甚者，部分传播媒体"见缝插针、遇洞灌水"，在二零一二年五月二十日马英九就职台湾当局领导人的时候，拍了马英九开会打瞌睡的照片，还大加揶揄奚落一番。殊不知马英九就任五年多来几乎没有休过假，相对于美国总统奥巴马五年休了一百多天假，花了六千万美元，台湾的部分传播媒体会不会太苛责我们的当局领导人呢？

下次，请那些传播媒体或部分名嘴也运用一下"同理心"，思考一个问题：你们除了批评之外还懂得赞美和肯定吗？你们会做得比你们批评的人更好吗？

05 历史故事思接千载，成语故事画龙点睛 

历史故事可以思接千载，视通万里，可以洞悉在时代演变过程中淬炼的永恒智能与深层价值。成语故事则是通过固定短语，凝练历史故事表达哲学意义，更是中华文化的瑰宝。两者皆是引人入胜、启迪智慧的绝佳故事源。

某次我在讲授“成功人士的七个习惯”课题时，开场就用了“陶侃搬砖”的历史故事：

陶侃是东晋名臣，立有战功，曾任荆州刺史。但在朝廷因他人妒忌，而遭陷害，被降职调往偏僻地区。陶侃在那地闲来无事可做，但他并没有放纵自己享受安逸，而是每天早晨把一百块砖从书房里搬到房外，到了晚上，再把砖搬回屋内。人们很奇怪问他原因，陶侃回答说：“我致力于收复中原，如果过于安逸闲散，致使意志消沉，恐怕将来不能成就大事。”

陶侃后来回到荆州，在荆州尽管公务繁忙，仍然坚持搬砖，以此磨炼意志。陶侃后来被擢升为征西大将军兼荆州刺史，都督八州军事，声名显赫。

“陶侃搬砖”这个故事，我一直印象深刻。陶侃不图安逸、意志坚韧的背后，有一个“习惯”的支撑。借由这个故事，可以引申出“习惯”的三要素：知识（what、why）、技巧（how）及意愿（will），可以强化听者的吸收。

通过故事再引出学者的诠释，显得更有价值。如哲学家亚里士多德说：“卓越是经由训练及习惯渐渐而来的，我们不是因为具备美德而举止得宜，反而是因为举止合宜而具备美德。只有自己切身体验才能发现，原来，卓越不是一种作为，而是习惯。”

另一次我在讲授“顾客导向的销售管理”课题时，用了“鹬蚌相争”的成语故事：

河畔有一只河蚌，它伸伸懒腰，正准备张开蚌壳晒太阳。这时忽然飞来一只鹬鸟（嘴巴尖尖长长的），看到河蚌鲜美多汁的蚌肉，心想好一顿丰盛的午餐，因此想啄食它的肉。河蚌也非省油的灯，马上将蚌壳合上，就把鹬嘴钳住了。

两者相持不下，河蚌心想：“你想占我便宜。我今天不把蚌壳张开，明天也不把蚌壳张开，不久之后，我将看到沙滩上有一只死鹬。”

鹬鸟也心想：“要是今天不下雨，明天不下雨，过几天我就能看到沙滩上有一只死蚌。”就在双方在相持不下之际，有个渔翁经过，将它俩一网成擒了。

“鹬蚌相争”的故事可以隐喻为“沟通障碍”—— 只顾自己的利益和立场，一股脑儿灌输自己的想法给对方，却不管他人的想法和立场，最后结果是双方都有损失。

如果我们把常见的销售行为，比做一种沟通的过程，那么买方与卖方，就像鹬蚌相争的故事主角。业务人员就好比那只鹬鸟，客户就好比那只河蚌。业务人员不能只考虑到自己立场与利益，专注于推广自家产品，攻击竞争对手产品，急于想要取得客户的订单（鲜美多汁的蚌肉），却没有思考如何站在顾客的利益与立场。而顾客就像那只河蚌一样，因为感受不到业务人员站在自己的立场思考，产生反感和压力，抱持不信任的态度。结果可想而知：双方相持不下，无法营造有意义的对话，也无法达成销售。

这就是运用故事发挥的隐喻效果。

06 寓意深远的寓言故事

“寓言”是运用假借外物的技巧，作为立论的依据，借以传达意念。寓言故事含有讽喻和教育意义，其表达方式或借古喻今，或借物喻人，或借小喻大，或借此喻彼，皆通过具体浅显的故事，寄寓深奥的道理。

中国古代的寓言多以浓缩短语，如成语形式，表露智慧珠玑。列举几则耳熟能详的成语：

❶**愚公移山：**不畏旁人非议的眼光与批评，拥有坚忍决心与毅力。语出《列子 · 汤问》。

❷**守株待兔：**妄想不劳而获，或固执不知变通。语出《韩非子 · 五蠹》。

❸**井底之蛙：**讥笑孤陋寡闻，见识浅薄的人。语出《庄子 · 秋水》。

❹**鹬蚌相争，渔翁得利：**比喻两者争执不下，却由第三者乘虚而入，从中获利。语出《战国策 · 燕策》。

❺**庖丁解牛：**故事借由庖丁神乎其技的解牛之道，阐释游刃有余的养生处世之道——一切顺其自然，不力争强求。语出《庄子 · 养生主》。

❻**揠苗助长：**急于求成而方法不得当，反而坏事。语出《孟子 · 公孙丑》。

下面说一则“夸父追日”的寓言故事：

传说远古时候，“地之子”巨人夸父是一位英雄。但他不自量力追赶太阳，夜以继日与太阳赛跑。火红太阳晒得夸父口干舌燥，他一口气喝干了黄河水，饮遍了渭河底，还觉得口渴难忍，于是打算到北方的大湖泽去喝水。怎知夸父还没走到北方，就渴死在半路上了。快要咽气的时候他放下自己心爱的手杖，用他的血肉浸润它，后来就变成一片茂密的桃树林。

一般多以“夸父追日”代表一个人不自量力地追寻一个虚无的目标，但我却喜欢将“夸父追日”解读为：遍尝跌撞后，享受追日迎风的恣意。我仿佛看见，在这股充满傻劲、不自量力的背后，有一份坚毅的执着，那份执着将会幻化成留予后人无限凭吊的梦想故事。

多少伟大的说故事人就像“夸父追日”一样，坚毅执着、奋不顾身，不断地诉说生命昂扬的故事，直到生命的尽头。每当后人凝睇那一片茂密的桃树林，会不会想到有一个充满傻劲的夸父呢？

模拟练习

练习一：不安现象的模拟

大野狼侵入三只小猪不牢靠的房舍，摇摇欲坠的老旧危楼，泥石流危害的松软山坡地，缺乏牢固钢缆的电梯，台风天把持不住的小雨伞，缺乏安全气囊与GPS导航的车子……

练习二：带来光明希望的模拟

有计划的栽种树苗（定期灌溉与施肥）、茫茫大海中的灯塔、高尔夫球场上果岭上的旗杆、肥沃土地的预期农作物丰收、构建资产的稳健金字塔、大雨时的避风港、稳固的城堡与护城河……

07 从寓言故事看人性的挣扎与贪婪

寓言故事是富有教育意味的想象题材，利用简洁有趣的故事，暗示或譬喻一个教训或哲理。寓言故事写尽人性的光明与贪婪，在人性的光明中让人奋勇昂扬，在人性的贪婪里让人借镜警惕。

高二时期我选择了与我兴趣相悖的理工科，只有在心烦意乱、课余闲暇时，才能拥抱热爱的文学与诗词。邻座的洪姓同学却在那一年的暑假，开始狂热地阅读文学名著。他兴奋地告诉我，《战争与和平》《安娜·卡列尼娜》《红楼梦》《水浒传》《三国演义》《简·爱》《罪与罚》《汤姆历险记》《老人与海》等，他都看得津津有味。我心想，如果教科书能像故事书一样有趣该多好。

长大后我曾看过《战争与和平》《安娜·卡列尼娜》这两部电影，原著是由俄国大文豪托尔斯泰所写的。托尔斯泰的文章，真实反映了俄国社会生活，后世学者哈洛·卜伦甚至称他为“从文艺复兴以来，唯一能挑战荷马、但丁与莎士比亚的伟大作家”。

托尔斯泰写了一本寓言故事集《傻子伊凡的故事》，书中有一个《魔鬼与农夫》的故事是这样写的：

有个老魔鬼看到人类生活得太幸福了，他跟小魔鬼们说：“你们去扰乱一下，让他们知道魔鬼的厉害。”

第一个小魔鬼看到一个贫穷却快乐知足的农夫，于是小魔鬼把农夫的田地变得很硬，想让农夫心生怨念。但那农夫竟然没有一点抱怨，反而加倍努力辛勤地工作，每日给田地松土。小魔鬼计策失败，败兴而归。

第二个小魔鬼偷走了农夫的面包跟水，没想到农夫非但没有暴跳如雷，反而自言自语道：“如果这些东西能让比我更需要的人得到温饱的话，那就好了。”第二个小魔鬼也失败了，只能回去复命。

第三个小魔鬼自信满满地对老魔鬼讲：“我有办法，一定能把他变坏。”小魔鬼先去跟农夫做朋友，他告诉农夫明年会干旱，教农夫把稻种洒在湿地上，趋吉避凶。果然第二年只有农夫的收成满坑满谷。小魔鬼又教农夫把米拿去酿酒贩卖，赚取更多的钱。如此三年下来，农夫变得非常富有。慢慢的，农夫开始怠惰不工作了。这时小魔鬼就告诉老魔鬼说：“您看，这农夫现在已经有了猪的血液。现在我要展现我的成果了。”

有一天，农夫办了个晚宴，他在席上吃喝享受美酒佳肴，一旁还有好多仆人侍候。大家吃喝得尽兴，醉得不省人事，一个个看起来好像猪一样痴肥愚蠢。

这时，小魔鬼又对老魔鬼说：“您还会看到他身上有着狼的血液。”在晚宴上，一个仆人端着葡萄酒出来，不小心跌了一跤。农夫见此开始放声怒骂：“你做事怎么这么不小心，罚你们不准吃饭。”

老魔鬼见了，高兴地对小魔鬼说：“哇！你太了不起！你是怎么办到的？”

小魔鬼说：“我只不过是让他拥有的比他需要的更多而已，这样就可以引发出他人性中的贪婪本质。”

这个故事寓意深远，它写出了人在诱惑下软弱的样子。有本书中说：“务要谨守，警醒。因为你们的仇敌魔鬼，如同吼叫的狮子，遍地游行，寻找可吞吃的人。”这世上虽然没有魔鬼，但是却充满了诱惑，我们要始终秉承自己的内心，坚持自我，抵御诱惑。

08 诗词歌赋，增添故事浪漫情怀 

古希腊诗人西蒙尼德斯曾说："诗歌是会说话的图画。"优美的古典诗词，在传播的过程中会产生意境高远的影响。古典诗词中隐含了许多故事背景，读之、诵之，便令人饱览秋月春风、边塞风情、游侠豪客、世家兴衰，凭吊繁华与苍凉。

我从高中时期开始阅读诗词，很喜欢诗词中那些吟风颂月或边塞风情的高远意境，像辛弃疾的《丑奴儿》："少年不识愁滋味，爱上层楼，爱上层楼，为赋新词强说愁。而今识尽愁滋味，欲说还休，欲说还休，却道天凉好个秋。"

还有明代诗人张潮形容美人样貌的词汇，更是我撰写情书的极佳借鉴："所谓美人者，以花为貌，以鸟为声，以月为神，以柳为态，以玉为骨，以冰雪为肤，以秋水为姿，以诗词为心。"这些说的都是美人的天然姿质。

近年来国家领导人对外交流出访频繁，引经据典，寻章摘句，更能增进情谊，平添佳话。二零零一年四月十三日，国家主席江泽民在会见古巴国务委员会主席卡斯特罗时，还特意改写了唐朝诗人李白《早发白帝城》的诗句：

朝辞华夏彩云间，
万里南美十日还。
隔岸风声狂带雨，
青松傲骨定如山。

二零一三年三月下旬，国家主席习近平出访俄罗斯时也引经据典，以言简意赅的诗词“长风破浪会有时，直挂云帆济沧海”，为外交活动增添文化色彩。这句诗词的意思是：总有一天，我会乘着长风破万里巨浪，以展自己的志向；高挂云帆，直渡茫茫大海，达到理想的彼岸。

这首诗也是出自唐朝的李白，其诗《行路难》曰：

金樽清酒斗十千，玉盘珍馐直万钱。
停杯投箸不能食，拔剑四顾心茫然。
欲渡黄河冰塞川，将登太行雪满山。
闲来垂钓碧溪上，忽复乘舟梦日边。
行路难！行路难！多歧路，今安在？
长风破浪会有时，直挂云帆济沧海。

李白拥有丰富的想象力，若生在今日一定是一名优秀的剧作家或导演。他的月下独酌，竟然是一人分饰三角：“花间一壶酒，独酌无相亲；举杯邀明月，对影成三人。”

传闻有一次唐玄宗与杨贵妃在沉香庭饮酒作乐，召李白吟诗助兴。席间李白借着酒兴，叫一旁的宦官高力士磨墨摆纸，即席写就《清平调》三首：

云想衣裳花想容，春风拂槛露华浓。
若非群玉山头见，会向瑶台月下逢。

一枝红艳露凝香，云雨巫山枉断肠。
借问汉宫谁得似，可怜飞燕倚新妆。

名花倾国两相欢，长得君王带笑看。
解释春风无限恨，沉香亭北倚阑干。

唐玄宗听后大加称颂，立即叫宫廷乐师李龟年与梨园弟子奏起丝竹，展喉而歌，自己吹起玉笛助兴。杨贵妃则拿着七宝玻璃杯，倒上西凉州进贡的葡萄美酒，边饮酒边赏歌，煞是快乐。李白借着酒兴乘势叫一旁的高力士为他脱靴，并加以奚落。此举让高力士记恨在心，日后时时在杨贵妃前耳语挑拨，致使李白最终被罢官。

诗人李白很重视朋友之间的情谊。天宝十四年（公元七五五年），李白从秋浦（今安徽贵池）前往泾县（今属安徽）游桃花潭，当地村人汪伦酿美酒款待他，二人建立了深厚的感情。临走时，汪伦又来送行，李白作了这首《赠汪伦》以谢之：

李白乘舟将欲行，忽闻岸上踏歌声。
桃花潭水深千尺，不及汪伦送我情。

意即纵使桃花潭水那样深湛，也难比汪伦的深情厚意。水深情深，表达了两人之间真挚纯洁的情谊。李白的诗，写尽诗人、君王、宦官、宠妃之间的爱恨情仇及人与人之间友谊的平淡真实。许多轶文趣事，或以诗词歌赋，或以寻章摘句呈现，更显故事的意境深远。

09 动画展开想象的创作羽翼

心理学家萨提尔说："人们可以自由地表达自己的感想，可以自由地根据自己的想法去冒险，而不总是选择安全妥当的道路，不敢兴风作浪摇晃一下自己的船。"既然如此，我们何不自由地根据自己的想法去创作故事呢？你可以思考：为何你想要说出这故事呢？你的故事吸引人之处在哪？你故事的核心是什么？如果你是故事的核心角色，碰到故事中的情境，你会有何反应或行动呢？

小时候《大力水手》《小英的故事》《北海小英雄》《顽皮豹》等卡通影片是小朋友的最爱。近年来好莱坞的动画结合数字科技与创新元素，将故事以更为丰富的面貌呈现。譬如《怪物史莱克》的乐观昂扬与真挚的爱，《飞屋环游记》的梦想成真，还有《快乐的大脚》《小红帽》《冰川时代》《里约大冒险》等，都是老少咸宜的动画影片。除了好莱坞，法国动画故事制作水平也很高。下面我要说的就是法国动画《大雨大雨一直下》的故事。

大雨大雨一直下——同舟共济，还是尔虞我诈？

莉莉是一个说话像大人的可爱小女孩，她的父母开了一间家庭动物园，为了吸引游客，扩大营业规模，他们准备去非洲寻找野生鳄鱼。因此，小莉莉被父亲暂时托付给好友费迪照顾，费迪是一位阅历丰富的老船长。

费迪和太太朱丽叶及他们的养子汤姆，一家三口就住在不远处小山丘上的谷仓内。但是汤姆一直嫌弃养父费迪年纪老迈，不愿叫他一声“爸爸”，只叫他“阿公”。

某个夏日的午后，汤姆和莉莉一起到池塘边玩耍，偶然听见了一群青蛙在说话。从青蛙那他们知道了一个惊人的预言。一场大浩劫即将发生，天上即将连续下四十个昼夜的大雨，大洪水将淹没全世界。

汤姆和莉莉还来不及回家告诉老船长费迪，大雨就开始下了。老船长费迪看着大雨，连忙将一大堆动物们，包括大象、狮子、老虎、熊、狐狸、长颈鹿、小鸡、小猫、小猪、小羊、老鼠等，都赶到谷仓内避难。

雨不停地下，大水顿时淹过村庄小路、山丘、森林，而费迪一家住的谷仓奇迹般地漂浮在一个牵引机的轮胎上，成了临时庇护所。这场漫长的漂流旅程开始了。在等待大洪水退去的漂流时间里，乐天派的船长费迪、爱变魔术却很少成功的朱丽叶、相知相惜的莉莉和汤姆，还有爱拌嘴的大象夫妇、粗鲁却耿直的狮子、小流氓嘴脸的狐狸等，让谷仓内的每一天都充满了欢声笑语。

有一天，汤姆看到水中有一只垂死挣扎的老乌龟，他央求船长费迪将乌龟救起。一番交谈之后，他们发现原来老乌龟是洪水泛滥下，一群凶猛鳄鱼嘴下的幸存者。莉莉和汤姆悉心照顾乌龟，乌龟也日渐恢复体力，大家彼此快乐地相处。

经历了漫长的水上漂流后，动物们肚子都饿了，而谷仓内只有一种食物—马铃薯。对于费迪一家及草食动物们而言，马铃薯可以说是美味的食物；但对于肉食动物们来说几乎食不下咽。于是肉食动物们开始对其他的小动物，如小猪、小鸡、小羊等虎视眈眈了。老船长费迪对肉食动物们加以劝阻，晓以大义，告诉它们大家都可能是世界仅存的动物，要繁衍下去，不能自相残杀。

一个暗夜里，老乌龟蹑手蹑脚地起身，拿起手电筒当做暗号，从大水中招来一群鳄鱼。原来老乌龟根本不怀好意，它伪装受伤，实际上是一心要为过去曾被人类残害的同伴报仇，并因此与鳄鱼勾结。

经过一番激烈的生存抗争，智勇双全的莉莉与汤姆驾驶着牵引机，与其他动物们合力救起落水的船长费迪与朱丽叶，一起击败了老乌龟和凶猛的鳄鱼。船长最终还是原谅老乌龟，他对它说："当暴力的火种一旦点燃就不容易扑灭，希望你不要怀着仇恨之心，造成冤冤相报的恶性循环。"

经过了这一系列激烈冲突的冒险事件，在一个静夜星空下，费迪一家人躺在谷仓最高顶上，望着飞逝而过的流星，费迪拿着心爱的吉他唱起老水手之歌："风吹来的时候，夜变得温柔。我们来讲孤独水手的故事，将来我会不会有儿子，一个小男孩；将来我会不会有儿子，一个爱的结晶。"唱完后他突然听到一声"爸爸"，原来是养子汤姆的叫声，父子俩终于紧紧相拥。

《大雨大雨一直下》原片名是 *La Proph tie des grenouilles*，意即"小青蛙的预言"。导演贾克雷米选择青蛙来警告人类，这其中有一个特别的含意。导演说："青蛙是非常奋进及正面的动物，蝌蚪慢慢生长出手脚，进化成青蛙的过程，是人类历史的浓缩版。"

这个故事启发我们，遇到狂风暴雨外加惊涛骇浪的危急时刻，我们应该同舟共济，而不是尔虞我诈。

故事管理工具：创作一个故事

皮克斯创作动画故事有一个六步骤公式，试着用六步骤公式创作一个故事吧。

❶很久很久以前有一个：

____

❷每天：

____

❸有一天：

____

❹因为：

____

❺为此：

____

❻直到最后：

____

10 音乐歌剧故事，传递人性的真、善、美 

音乐歌剧故事之所以引人入胜，除了故事情节动人之外，也有舞台灯光背景效果、一流的演员、优美的音乐的配合。音乐剧在故事中传递人性的真、善、美，仿佛是一场流动的飨宴。

听过普契尼歌剧《公主彻夜未眠》吗？“今夜无人入睡，今夜无人入睡。即使是你，啊，公主！”

西方歌剧中常常蕴含着许多动人的故事。比如说《猫》《悲惨世界》《歌剧魅影》，还有威尔第的《茶花女》《阿依达》，莫扎特的《魔笛》《茶花女》等。我很喜欢意大利剧作家普契尼的两出歌剧《图兰朵》与《蝴蝶夫人》。《蝴蝶夫人》于一九零四年二月十七日在米兰初演，《图兰朵》于一九二六年四月二十五日在米兰初演，两部歌剧都诠释了在东西文化差异的背景下，爱情的浪漫与凄美。

《蝴蝶夫人》讲述了这样一个故事，美国军官平克顿在日本一间居酒屋，遇上天真、纯洁、活泼的日本艺伎蝴蝶夫人的故事。蝴蝶为了爱情而背弃了自己家族所信仰的宗教，选择与平克顿结婚，平克顿深受感动。婚后平克顿须移防返国，但他对妻子蝴蝶说：“我会带着玫瑰，在世界充满欢乐、知更鸟筑巢的时候回来。”

平克顿不知蝴蝶已经有了他的孩子。他回到美国，三年都杳无音信。但蝴蝶却一直深信自己的丈夫会回来。多年后的一天，蝴蝶接到平克顿即将回来的消息，欣喜若狂地去码头迎接平克顿所搭乘的“林肯号”。怎知平克顿回来后竟带着他在美国新娶的合法妻子凯特，并要求将蝴蝶所生的孩子带走。

伤心欲绝的蝴蝶生无可恋，便在与儿子玩捉迷藏时，用黑布蒙住儿子的双眼，独自走到屏风后自尽身亡，以死作为对平克顿的控诉。

《图兰朵》则是描述鞑靼王子卡拉夫爱恋元朝的公主图兰朵，不惜冒着失去性命的危险，参加猜谜大会的故事：

有一位元朝的的公主名叫图兰朵，因为她的祖先被外乡人杀死，所以她仇恨天下男人。公主在北京城昭告天下征婚，但同时提出一个残酷条件：前来征婚的王子必须回答她三个谜题。如果三题都答对，她就与他成婚，但是如果有一题答错，就要被斩首示众。三年下来，已经有多人丧生。

一天，流亡中国的鞑靼王子卡拉夫见到了图兰朵公主，并为她的美丽所吸引。王子不顾父亲和侍女柳儿的反对，决心参加猜谜大会。

公主出了第一个谜题：“有一个幻影在黑夜里飘荡，穿过层层黑暗，重重人群，全世界都在呼唤它，恳求它。这幻影在白天悄悄退去，在心中生起。每个晚上新生，白天死去。这幻影是什么呢？”

卡拉夫王子思考了一下，回答道：“是希望。”他答对了第一题。

公主接着问第二个谜题：“有一样东西像火一样旺，但它不是火。有时很激烈，有热、力和激情，如果不动它就冷掉。如果你死了，它就变得冷却，若你有征服的梦想，它就沸腾。它有一个声音，听了会使人颤抖，它生意盎然地跳动着。”

卡拉夫想了一下，回答说："热血。"他答对了第二题。

公主接着提出第三个问题："你点燃了冰块，但是回报你的是更多的冰块。它是纯白的，也是黑暗的，它可使你自由，但也让你成为奴隶，如果让你为奴，你就会龙袍加身。这点燃你的冰块是什么？"

卡拉夫很快地回答："图兰朵。"

群众欢声雷动，因为卡拉夫正确地回答了公主的三个谜题，公主必须遵守自己的诺言和这位王子结婚。公主却反悔了，她极不情愿下嫁给外乡人。卡拉夫看出公主并没有诚意要和他结婚，于是反而提出一个谜题，要图兰朵猜猜他是谁。如果公主能在隔天清晨说出他的名字，公主就可以不必和他成婚，而且他也愿意欣然就死。公主于是下令北京城的人们彻夜不眠，一定要在天亮之前查出这个人的姓名，否则众人就要受到处罚。公主后来找到了与王子同行的婢女柳儿，并严刑拷打，要她说出这位王子的名字。柳儿因为爱慕王子而坚决不说，并强夺卫兵的匕首，自杀身亡。

王子愤怒地指责"冰冷的公主"，公主则表示自己高高在天上，并非凡人。王子于是逼近她的身边，用力抱住了她，吻了公主。公主终于流下了眼泪，她要王子带着胜利与秘密离开，不要再多做要求。

王子却告诉她："公主你是我的，在你面前我没有秘密……"于是说出自己是鞑靼王子卡拉夫。公主因为知道王子的名字而雀跃不已，而王子则将命运交给了公主。

第二天破晓时刻，图兰朵公主当着父王及文武百官宣布她的答案，她说："我知道这个外乡人的名字，他的名字就叫——爱。"故事的最后，图兰朵公主和王子在众人的欢呼和祝福下完成了婚礼。

也许感情就是这样："求你将我放在你心上如印记，带在你臂上如戳记，因为爱情如死之坚强，嫉恨如阴间之残忍。”《蝴蝶夫人》的先喜后悲与《图兰朵公主》的由悲转喜，见证了爱情的浪漫与凄美，有喜、有悲，创造故事的转折。

11 中西典故相互辉映、相映成趣 

说到做梦，西方有《瑞普·凡·温克尔》（*Rip van Winkle*），东方也有“南柯一梦”、“黄粱一梦”的典故传说。都是一觉醒来数十载，繁华落尽心境转，体悟了个人名利和荣华富贵之短暂。

《瑞普·凡·温克尔》中的主角瑞普一觉醒来已经是二十年后，景物人事全非。原来瑞普走进了百年前的探险家哈德逊船长的异想世界：

瑞普是一位生性乐观、为人憨厚的农夫。一天，他在山上遇到了穿着荷兰传统服装（上身马甲，腰间束着皮带，层层镶着扣子的马裤）的老头。这个人样貌奇特，身材矮小，头发粗密，留着灰色胡子。老头请瑞普帮忙扛一个里面装着酒的、结实的木桶到空地那去。他们穿过沟壑、山谷，来到了犹如圆形剧场的空地，瑞普看到一群人正在空地上玩九柱戏（类似保龄球的游戏）。

那群人头大、脸宽、眼小、鼻大，戴着圆锥状的白色帽子，帽子上插着一小根红色鸡毛。瑞普因为扛着木桶太久，所以浑身发抖、双腿发软。他使劲把木桶的酒倒入几个大酒壶里面，看着他们畅饮并玩游戏。慢慢的，瑞普内心的恐惧与不安逐渐消失，爱喝酒的他，趁着没人发现还偷喝了一口酒。没想到味道极佳，尝起来好像荷兰上等酒。于是他一口接着一口，就这样喝光了壶里的酒，最后眼神迷茫地进入梦乡。

醒来后，瑞普躺在一个长满青草的小土丘上。他不自觉地摸了一下下巴，发现自己的胡子竟有三十公分长。回到村里才发现一觉醒来已经过去了二十年，景物人事全非。原来，传说哈德逊船长每隔二十年，就会乘坐他那艘“半月号”大帆船到这里巡视。瑞普喝的，就是船长珍藏的百年好酒。

到了今天，村子里的每个人都渴望着：当日子艰辛难过时，他们也能喝上一口瑞普喝的那壶酒，然后进入甜甜梦乡。

成语“南柯一梦”则是源于唐朝李公佐的《南柯太守传》。

传说，隋末唐初有一个叫淳于棼的人，家住在广陵，他家的院中有一棵根深叶茂的大槐树。盛夏之夜，树影婆娑，晚风习习，非常适合在树下乘凉。

淳于棼喜好饮酒，性格豪放，不拘小节。他生日那天，亲友都来祝寿，一时高兴，多饮了几杯，夜晚一个人坐在槐树下歇凉，醉眼迷茫，不觉沉沉睡去。梦中，淳于棼被两个使臣邀去，进入一个树洞。洞内晴天丽日，别有世界，号称大槐安国。那时京城举行选拔官员考试，他正赶上京城会试，发榜时他高中了第一名。紧接着殿试，皇帝亲笔点为头名状元，并把公主许配给他为妻，状元郎成了驸马爷，一时传为京城的美谈。婚后，夫妻有了五男二女七个孩子，感情十分美满。淳于棼被皇帝派往南柯郡任太守，他勤政爱民，很受当地百姓的称赞，一待就是三十年。

一年，檀萝国派兵侵犯大槐安国，大槐安国的将士们奉命迎敌，不料几次都被敌兵打得大败。皇帝震怒，文武官员们个个吓得面如土色，束手无策。这时宰相想起了政绩突出的南柯太守淳于棼，于是向皇帝推荐。淳于棼接旨，立即统兵出征。可是对兵法一无所知的他，与敌军刚一交战，就兵败如山倒，自己也险些当了俘虏。皇帝得知消息，非常失望，下令撤除淳于棼的一切职务，贬为平民，遣送回老家。此时他的妻子金枝公主也身染重病，十多天后就死了。淳于棼羞愤难当，想想自己一世英名毁于一旦，晚景凄凉，仰天长啸一声，便从梦中惊醒。

梦醒后，他按着梦境寻找大槐国。他发现，在自己院中大槐树下的一个蚂蚁洞，一群蚂蚁正居住在那里。淳于棼又想起檀萝国大军侵略南柯郡的事，竟然在住宅东面一里处的山涧边上发现一棵大檀树。树上藤和萝纠缠交织成一片，檀树旁边有个小洞穴，洞穴里竟然也有一窝黑色的蚂蚁聚居，想必这就是檀萝国。

“得又何欢，失又何愁，恰似南柯一梦。”李公佐于贞元十八年的八月，听闻淳于棼的事，将其故事记录下来，让世人以“南柯一梦”为鉴，不要拿名利和官位立足于天地之间。

《南柯一梦》与《瑞普·凡·温克尔》，容或有不同的启发和解读，但是借由单纯喜欢阅读故事的引线，让我开始喜欢从中西典故与文学中，寻找彼此相映成趣的比对。比如我看《张爱玲传》，书中写到胡兰成与张爱玲初结情缘，天天去她家喝红茶、吃西点、谈艺术，成为座上宾。当恋情慢慢升温时，胡兰成伸手轻抚张爱玲的脸说：“你的脸盘饱满，像是十五的满月。又像是平原面貌，山河浩荡。”此刻，我即联想到十九世纪法国作家司汤达写的《红与黑》，其中一幕描写生性容易受伤害的男主角于连，不小心碰到了市长夫人瑞那夫人的手，看见夫人慌忙缩手的反应，于连误以为这举动是轻视自己。于是他决定再次紧握夫人的手，满足自己成功征服他人的快感。这两种不同故事情境的比对，丰富了我们的想象力，也是一种乐趣。

12 节日庆典的故事，编织动人传说与风俗逸闻

许多国际性的纪念日与各国著名的节日，背后都隐藏着传说故事与风俗逸闻。譬如中国人最盛大的节日农历春节背后有年的故事，七夕情人节背后有牛郎织女相会的故事，感恩节背后有反抗压迫、向往自由的故事，奔牛节背后有纪念城市创建者圣贤文明的故事，中秋节背后有祭祀历史，祝贺农业丰收的故事，圣诞节背后有耶稣诞生的故事等。

圣诞节除了有耶稣诞生马槽的故事，还有一个关于圣诞老人的温馨美丽传说。圣诞老人总是在孩子发出惊喜赞叹的欢呼声中，带着呵呵爽朗笑声，快乐地离去。圣诞老人懂得及时肯定，按时奖励。更重要的是，每次他所送的礼物都是孩子的最爱，能满足孩子的期待，并给他们带来意外的惊喜。

当雪花在北纬六十六度三十二分的北极圈上纷飞，芬兰北部的拉普兰省，一个臃肿的胖子，穿着红衣红帽、留着浓如白雪的大胡子，亲切迷人的笑容配上呵呵爽朗笑声。哇，那不就是传说中的“圣诞老人”吗？圣诞老人的传说起源于四世纪：

在地中海附近有一位名为尼可拉的老人，他最喜欢赈济穷人。尼可拉无意中得知有一位父亲有三个待嫁的女儿，但却没有为她们办理婚嫁所需的金钱。在缺乏粮食的情况下，老父亲绝望地准备将其中一个女儿卖去做奴隶。

在将要进行交易的前一夜，女儿们洗完衣服后将长袜挂在壁炉前烘干。尼可拉知道了她们父亲的境况，就在那天晚上来到她们家门前。他从窗口看到一家人都已睡着了，同时注意到了壁炉前女孩们的长袜。随即，他从口袋里掏出三小包黄金从烟囱上一个个投下去，刚好掉在女孩们的长袜里。

第二天早上，女儿们醒来发现长袜里装满了金子，足够供她们买嫁妆了。这个父亲也因此不用变卖儿女，反而能亲眼看到他的女儿们结婚，他们一家人从此过着幸福快乐的生活。

这故事后来慢慢衍生为有一位乐善好施的慈祥老人，穿着红衣红帽，驾着由九只驯鹿拉着的雪橇，为各个人家送圣诞礼物的版本。领头的驯鹿名叫鲁道夫（Rudolph），它有一个红红的鼻子。其他八只分别是：猛冲者（Dasher）、舞者（Dancer）、跳跃（Prancer）、雌狐（Vixen）、雷（Donner）、闪电（Blitzen）、丘比特（Cupid）、彗星（Comet）。

八只驯鹿跟随着开路的领头鹿红鼻子鲁道夫，用力拉动雪橇。因为鲁道夫的红鼻子就像灯塔一样穿透了迷雾，而且永远不会迷路。不论雨雪风霜，每年的平安夜，圣诞老人都会不辞辛劳地爬上烟囱，将孩子们许愿的礼物投进壁炉上一只只色彩缤纷的长袜中。当然他事前已经有一份名单，知道哪一个孩子是顽皮的，哪一个孩子是乖巧的。当孩子们睡着的时候，他会以慈祥的目光看着他，当孩子醒的时候，他也已经送出了自己的礼物。

故事也可以解读为，身为领导者，必须学习圣诞老人激励的四个原则：

❶让下属知道你对他的要求是什么；

❷让下属了解“奖赏”与“处罚”为何；

❸所获得的奖赏符合下属的期望；

❹协助排除障碍、达成目标以获得激励。

唯有如此，你的“领头鹿”红鼻子鲁道夫及八只驯鹿成员，才会在大风雪的夜晚，心甘情愿地为你拉雪橇。

13 故事图卡——梳理自己的生命蓝图 

看图说故事，图像能活化右脑的思维。利用图卡引导你提出有趣的询问，进行深刻的对话，说出另一个新奇的故事。一张图片，两样情怀，千般解读，这就是故事图卡的魔力。

今年五月份我去新竹某科技大学讲授一天的人际沟通课程，学员是大学的本科生和研究生。我很担心会不会发生上课时学员玩手机、吃鸡腿便当等不专心听讲的情形。但当我善加利用说故事及“故事图卡”的引导技巧时，竟然发现原本的担忧是多虑的，“故事图卡”可以激起相当不错的学习效果。

“故事图卡”（或生命故事卡），顾名思义是借由图案引发故事联想。图卡的正面是图案，反面是一句激励人心、正向思考的话语。可以利用图像活化右脑的思维，引发天马行空的联想，产生一句心得感言或一个故事。再借由图卡激励人心、正向思考的话语，作为故事的“价值启发点”。“故事图卡”可以重新梳理自己的生命故事，绘画自己的生命蓝图。引导的方式有许多种：

❶看图隐喻：每人心中选一张图形卡片，用隐喻方式说出此张卡片的联想意义，请他人猜猜看自己选的是哪一张。

❷故事接龙：将小组的卡片以随机的方式排列组合，通过“头脑风暴”的方式引发故事创作。

有一天凌晨四点，我辗转反侧，内心思绪澎湃汹涌，难以入眠。索性起床在书桌前振笔疾书，写下了下面三套故事图卡作为范例：培育“希望种子”，点燃“梦想天灯”，就会看到“幸福彩虹”！

【故事图卡】使用说明：二十七张故事图卡的文字内容，分别隶属三个系列。每个系列九张，正面是插图的图画，背面是文字（中英文对照）。一可作为老师授课时教学想象力或隐喻引导的教育工具；二可作为看图说故事的引导工具；三可作为激励人心的幸福快乐正向思考卡片。

故事1：“希望种子”故事图卡

1976年，在台湾台北市有一位小男孩出生了。小学时，因为天生个子不高，所以他看起来并不显眼。淹没在一群高高大大的男生堆里，从来与体育竞赛无缘一次偶然的机会，台北市举办越野锦标赛，教练临时找不到人，才把他“抓来”上阵。那是他第一次参加长跑比赛，但一颗“奔跑”的种子却不知不觉种在了这个十岁小男孩的心中。

二十年后，小男孩长大成人。三十岁的那一年，他获得了“四大极地超级马拉松巡回赛”的总冠军，并于同年十一月，花了一百一十一天完成徒步横越撒哈拉沙漠的世界壮举。二零一一年四月，他完成了一百五十天长跑横越一万公里古丝绸之路的壮举。他就是超马选手林义杰。

林义杰日前赴台东长滨，看望偏乡学童与弱势族群孩子时，教导他们并陪伴那群孩子一起跑步五公里。全程只有一位名叫“潘义元”的小孩子，可以从头到尾与林义杰并驾齐驱。那时，在小小的潘义元的心中，也种下了一颗“希望种子”。

故事1:“希望种子”故事图卡

故事图卡 1

我终日寻找快乐，我终生探索幸福，我终于在成就自我并激励他人的过程中，找到了答案。

故事图卡 2

自律的习惯是我成长的实力。等待风云际会来临，将会汇聚成一股强大的力量，将我推向发光发热的舞台。

故事图卡 3

我们四面受压，却不被困住；出路绝了，却非绝无出路；遭逼迫，却不被抛弃；打倒了，却不至灭亡。不要被历史的包袱局限住，要勇敢迎向世界，做一些美好伟大的事情。

故事图卡 4

少年的我对世界说：我迎着希望来了。中年的我对世界说：我怀着热情澎湃在这。老年的我对世界说：我满是感恩的生活。

故事图卡 5

我要走出舒适安逸区，迎向变革。驱动力让我超越现况，让梦想变为可能。

故事图卡 6

当我开始放慢脚步，懂得观察自然，懂得欣赏他人时，我发现：天空的蔚蓝、海洋的碧绿、蝴蝶的快乐、蚂蚁的忙碌。

故事图卡 7

河流看见海洋的广阔，小草见识森林的繁茂，我不仅要长大，还要懂得包容和谦虚。

故事图卡 8

一条孤寂的溪流，也会持续向着梦想奔流。一根树上的枝丫，也会奋力向着自由舒展。因为总有一个日出之地，带给人希望。

故事图卡 9

世上只有两种人：一种人活着；另一种人怀抱勇气、勇敢地活着。勇气是面对恐惧、克服怀疑的行动能力。

故事2：“梦想天灯”故事图卡

小女孩艾丽从小热爱飞行与冒险，她总是梦想着有一天能到南美洲去冒险。艾丽对于探险的兴趣，感染了一个小男孩卡尔。两人对于失落的“天堂瀑布”怀着相同的憧憬与渴望，进而相识，成为志趣相投的好朋友。

艾丽和卡尔长大后因相爱而结婚，婚后却被现实的许多琐事耽搁，迟迟没有完成天堂瀑布探险之旅。多年后蓦然回首，两人已是白发苍苍。艾丽奶奶不幸病逝之后，卡尔爷爷整日沉浸在忧伤的情绪中。

直到有一天，七十八岁的他所住的小屋面临市政府拆迁，在拆迁的最后一刻，卡尔爷爷突发奇想，心生一计。他将一万多个五颜六色的气球绑在小屋上，让小屋飞向高空，卡尔爷爷准备和房子一起飞向天堂瀑布。

随着气球慢慢升起，卡尔爷爷的泪水化为希望，热血更盈满胸怀。卡尔爷爷曾在艾丽奶奶的冒险手札中，看到一句话：“有梦想就要去完成。”这句话成了卡尔爷爷冒险的契机，他决定带着艾丽的照片与心愿，完成天堂瀑布探险之旅。

在追梦的路上，卡尔爷爷意外与小童军罗素相遇。罗素是一个正直、善良、热情、单纯的胖男孩，为了搜集老人徽章，误打误撞地搭上了这间飞屋。

后来，一个老头子和一个精力无穷的小孩，在经历许多冒险之后成为忘年之交。他们之后又和彩色巨鸟凯文、会说人话的小狗道格邂逅。一群伙伴经历一番磨难，终于在渺无人烟的原始丛林中，来到了仙境瀑布。

卡尔爷爷回想当时，小屋随着气球慢慢升起，飞向高空之际，卡尔爷爷知道他的梦想天灯已开始飞扬，梦想启动了，就好像那五彩缤纷的气球向上升起……

故事2："梦想天灯"故事图卡

故事图卡 1

破晓时分，我沉浸在造物主创造天地万物的喜悦中。开始对拥有的一切感恩，对失去的一切警惕，准备认真活过每一天。

故事图卡 2

面对千重山、万重水的阻隔，我带着梦想的头盔、信心的盾牌、行动的长矛，准备打一场美好的仗。

故事图卡 3

当一个人被放在时间与空间的坐标轴上，就自然写下了历史和回忆。我可以创造不凡的历史，在宇宙之间留下美好的回忆和足迹。

故事图卡 4

宁静是最奢华的享受。心灵时时将沉入底，让我拥有再出发的勇气。

故事图卡 5

忧虑，使心消沉；良言，使心喜乐。忧伤的灵使骨枯干，喜乐的心乃是良药。

故事图卡 6

夜空的群星闪烁，就好像是千万个智慧老人，对我诉说他们成功与失败的经验。鼓励我要：唱自己的歌，做自己的梦，持续发光如星。

故事图卡 7

目标是一个有底线的梦想。我愿意忍受孤寂与挫折，抗拒诱惑与不安，面对现实中的挑战。

故事图卡 8

挫折让我懂得慢下脚步，逆境让我虚心反省检讨。我没有失败，我只是暂时停止成功。

故事图卡 9

百合花在荆棘中显得独特而美丽。我要在人云亦云的大潮中坚持“真、善、美”的价值观。

故事3：“幸福彩虹”故事图卡

在很久很久以前，天边绚丽的七彩光中，有一个美丽而又神奇的世界，那里有最纯净的空气和水，那里有最美丽的山川、河流和田园。

在很久很久以前，小王子是个金发灿烂、笑脸迎人的孩子，他有一个充满哲理的小脑袋，不停地问着问题。在小王子的生活中，他跟许多严肃的人有过接触，他在成人的世界里生活过很长一段时间。小王子仔细地观察过他们，但并没有真正融入他们的生活。

小王子，毕竟只是一个孩子，他是脆弱的，他需要朋友和爱。经过漫长的旅行，小王子想要回到原来的星球。借由蛇的帮助，他告别了地球。

除了小王子，还有许多童话故事都有美丽幸福的结局。因为只要勇敢追寻梦想，就一定能看到天边绚烂的彩虹。

故事3：“幸福彩虹”故事图卡

故事图卡 1

我曾经热切地寻找一双关怀的眼神，一对欢迎的臂膀，一颗接纳包容的心。我没有失望，我终于在友谊的桥梁中找到。

故事图卡 2

心态改变，行为跟着改变；行为改变，习惯跟着改变；习惯改变，我的命运跟着改变。

故事图卡 3

湖水拥抱雨滴，泛起美丽涟漪；火柴亲吻蜡烛，照亮满室温馨。我开始学习从关注自我转移到关注他人。

故事图卡 4

美丽的鲜花是大地托住的；快乐的鸟群是森林托住的；我们的梦想是团队托住的。

故事图卡 5

我不知道风往哪一个方向吹，但我会享受每一个微风中的歌唱，清风下的明月，还有寒风中的跋涉。

故事图卡 6

面对纷至沓来的信息狂潮，合理应对就在于拥有平静安稳的心，才能如鹰展翅上腾。

故事图卡 7

天马行空的想象带我驰骋创意世界，灵光乍现的灵感是苦思后的回报。我拥有解决问题的创新思维。

故事图卡 8

对于生命我有很多的疑问，但是时间总是耐心地给我解答。因此我决定不再辜负时间。

故事图卡 9

有时乌云蔽日遮望眼，接着就是暴风雨前的闪电和雷鸣。就算是在惊涛骇浪的风雨中，我还是会对自己说："雨过，总会天晴。"

第六章 ▶

人生，要活对故事

人生的故事，是一章动人的诗篇，
故事中说出繁华落尽，故事中带来几许苍凉。
你可以更恢弘、更美丽、更耀眼，
你可以改写自己的人生故事。
人生，要活对故事。

01 敲开幸福门，打开快乐窗——人生故事地图

故事可能是资产，也可能是负债。有的故事能够增长能力和幸福，有的却会限制、剥夺、贬低我们与他人的关系。大部分的故事都能抚慰、提升、解放、提振，甚至治疗我们。

——叙事治疗创始人麦克·怀特

二零一二年的某天晚上，惊闻好友维特骤逝的消息。那天参加了他的告别式，回家后百感交集，我就利用“自由书写”写下了《好好睡吧！我的朋友》：

维特啊，维特！多年未见，却骤然听闻你离去的消息，在所有爱你与关心你的人的平静心湖中投下了一颗炸弹。

记忆回到那段一起走过的铿锵岁月，你在我的生命中扮演了一位极为称职的下属的角色。任劳任怨，成为我不可或缺的左右手。望风怀想，依依职场，忆哉当年，奔跃之羊。荏苒几度秋，物换星移，今后再也听不到你爽朗的笑声，看不到你热心助人的背影，感受不到你勇于当责的态度。

你看似乐观，却怎也想不到在转换另一个职场跑道后，竟选择用“烧炭自

杀”来结束四十一岁的璀璨人生，留下六岁的稚子把玩你刚买给他的变形金刚。

人生啊！人生，我们要选择活对故事。我们应常常自问：我是谁？要往何处去？如何前去？这三个小问题中隐藏着人生的大道理。忆及与你西窗剪烛、共话前程的情景。对酒当歌，人生几何？譬如朝露，去日苦多。青青子衿，悠悠我心，但为君故，沉吟至今。契阔谈燕，心念旧恩。[①]

维特，你的离去让我开始思考“以终为始”的行动该如何进行，我将把对你的思念，化作正面积极的力量。我要着手打造一份“活出美好的故事地图”，让平安喜乐充盈我们的人生。

今夜沁凉如水，静夜星空，繁星熠熠，璀璨发亮。遥望星空，就会想到你的笑容。维特，今夜你并不寂寞，因为所有爱你的人，都会在地上为你祈祷：“睡吧！我的朋友。”

好友维特的骤然离开让我再次思考：如何在有限的人生活出美好。因此我架构出一个“敲开幸福门，打开快乐窗”的故事地图：

“平安”是平稳与安全的感受；“喜乐”是喜悦与快乐的满足。黄金地图的终极目标：平安喜乐。

影响终极目标的五个关键要素：

❶环境；❷人际；❸成就；❹健康；❺财富。

① 曹操《短歌行》。译文：离我远去的朋友，使我长久地怀念。只因为思念你呀，我一直低声吟咏到如今。盼望我们能聚在一起谈心宴饮，重温旧日的情谊。

影响关键要素的四个系统因子：

❶信仰；❷思想；❸感受；❹行动。

叙事治疗创始人麦克·怀特，为“叙事”提出另一种新观点。他把治疗比喻为“说故事”或“重说故事”，叙说生活中遭遇问题的过程。他相信人不等于是问题的标签，人也不是被问题牵着鼻子走的，“方法总比问题多，不找借口找方法”，在叙事过程中，人往往会找到问题的出口，“生命会自寻出路”。

故事管理工具：活出美好的故事地图

通过故事地图，说一个你在人际、环境、健康、财富、成就上的故事？

人际的故事

____

环境的故事

____

健康的故事

____

财富的故事

____

成就的故事

____

02 你如何听故事？听故事是一种“存在性的相随”

小孩子听故事时，通常会睁大双眼，流露出好奇的神情，准备愉快地进入故事情境；而成人听故事则多半带着怀疑、逻辑分析，以解决问题的态度去解读说故事人。如果能以超越语言、进入灵魂深处的方式，让生命与生命交流，形成一种深度的灵性陪伴与沟通，这种聆听故事的方式便是“存在性的相随”。

今夜小屋内的气氛美得像一首诗，也像一幅画。参加了为期半年的“叙事隐喻”工坊，今天是最后一次的聚会，进入小屋即感到一股曲终人散的浓浓离愁。按照往例，开始时九拐十八弯的思绪会随着一段轻柔的音乐逐渐沉淀，身体放松后，心也准备敞开。

这样的心境有助于我们进入“自由书写”的阶段。大伙儿开始轮流分享心灵故事的同时，我却意外透视到每个人浮现出的鲜明的图像特质。在微弱烛光下闪烁跃动，我索性随手侧写观察的心情点滴。嫁得好归宿的F，谈起了她父亲的病情，担忧挂念之情溢于言表。时而泪眼汪汪，时而忧心忡忡，流露真情，令人爱怜疼惜。在与她互相分享的过程中，我又感受到F另一种热情直爽、善解人意的特质。我暗暗猜想，她该不会是与我同类——热情洋溢的B型血白羊座吧？

接着，已退休的中年女士C，出其不意地将她的香精油滴了一滴在跳跃的小蜡烛中。那一滴香精油，好像多尼采蒂歌剧《爱的甘醇》中的《偷洒一滴泪》（*Una furtiva lagrima*），激活了她生命中的感性情怀。C女士泪眼婆娑地跟我们讲述她婆婆挑剔她买荔枝的故事。哭泣后的C转悲为喜，仿佛从故事中得到再出发的力量，露出的灿烂笑容，更像是五月梅雨后的艳阳，足以融化冰封已久的沉睡心灵，举手投足中皆是大家闺秀的风范。

还在读研的G刚考完期末考试，自然一派悠闲。他双手环绕着大抱枕，模样好像可爱的泰迪熊。我之前与他有过两次分享的经历，感慨他年纪轻轻背后的苍凉心境，惊讶于他流露出的相对沉稳内敛的气质，雀跃之情也感染了我们。

任职公家单位的S告诉我们，她要去尼泊尔，想换个场景，换个心境。S悠悠地说："庭院深深怨深深，平平淡淡才是真。"她天性乐观，相信凡事总能随遇而安。

洒脱热情的L，反倒安静得像一只波斯猫，但总不忘适时地给我们加添几声加农炮般的爽朗笑声，提醒大家该是笑点的时候了。我想她若生在古代，一定是行侠仗义、武功高强的侠女。

为母则强的A，分享了她与女儿的"朋友界线"关系，回顾自己怎样开始懂得辨识与回应女儿的情绪。她的分享让人想到黄小琥的那首《不只是朋友》："你从不知道，我想做的不只是朋友，还想有那么一点点温柔的娇纵；你从不知道，我想做的不只是朋友，还想有那么一点点自私的占有……"

最后，引导我们的心理咨询老师J则分享了兰屿之行。他带着防晒油却接连遇到下雨天，只能困在民宿，望天兴叹。J生性潇洒飘逸，很有吟游诗人的味道，不知他困在民宿时，有没有吟唱蒋捷的那首《虞美人·听雨》："少年听雨歌楼上，红烛昏罗帐。壮年听雨客舟中，江阔云低，断雁叫西风。而今听雨僧庐下，鬓已星星也。悲欢离合总无情，一任阶前点滴到天明。"J还分享了近日阅读的一本书《谁能写出玫瑰的味道？》，故事听了有点玄，我似懂非懂。但此刻已夜深了，即将轻唱离别曲。我拿出一张事前写好的卡片献给了J，为这半年来的收获画下一个句点。

我永远无法忘记那一夜在听故事与说故事中所感受到的心灵悸动。我见青山多妩媚，料青山见我亦如是。我已将每位学员看做是“青山”。说来好笑，写完了这一篇文章，我立刻飞奔坐在钢琴前，弹了一首 *Saving all my love for you*，才足以宣泄当下激动的情感。

后记：我很想用“云山苍苍，江水泱泱，先生之风，山高水长”，表达我对老师J的感谢，他在“叙事隐喻”工坊的带领启发，实在惠我良多。没有人愿意成为孤岛，在生命成长的过程中，每一个人都有他私密的一处角落，温柔且不可碰触。通过叙事隐喻，我们在故事中可以慢慢领略宽恕、接纳、包容、回馈和表达。我若不真情告白这半年来的丰硕收获，光是只会贪婪地享用每次课前老师煮的那两碗好吃的养生粥（外加黄瓜和卤蛋），是无法向自己良心交代的。

03 分享的快乐是加倍喜悦，分担的痛苦是减半忧愁

一个鲜活的故事出炉了，仿佛热腾腾的葡式蛋挞，又像热腾腾的剧本，让导演魏德圣一看就能写出分镜表。凝聚这一份“说故事”的感动力量，让我们成为“爱与热情”的播种者。

当最后那首《记得我》的歌声响起时，我知道这五个星期所蓄积的满满感动，已足够让我甜蜜回忆一辈子。虽是酷暑盛夏，但屋外的温度却比不上屋内桃园芦竹农会家政妈妈班“生活写记”学员散发的热情与活力。在这里，我担任为期五周讲授“说故事学激励”的讲师。忆及那些亲切可爱的家政妈妈们，一双双热切的眼神是激励我说下去的动力。班级指导员锦凤每次的开场激励，总是带给大家活泼与欢笑。永远忘不了她温馨的话语，如：三只小手——举手、握手、拍手；还有鼓励大家展现“脸笑、嘴甜、腰软、手脚快”的四项特质。这些特质都自然流露在每一次参与课程的学员身上。

二零一二年七月二十三日是我们“生活写记班——故事叙说与分享”的结业日，也是大家历经五周、五次学习的心得成果发表日。首先由开路先锋素软，上台分享“全球气候变暖”议题，为发表会揭开了序幕，带领我们反思爱人、敬

天、顾地球的思想。接着明珠的“大竹豆干——味道也是一种乡愁”，模仿上海人的腔调，引发了听众视、听、触、嗅、味觉的五感。还有碧丽的“Push 幸福女人窝”，带出了“热忱是工作的动力，分享是自我成长”，引导我们思考说故事的三个点：引爆、转折与价值启发。

一段时间的分享后，学员们都感受到了场内“感性情怀”的同理心，正面积极思考已渐次流露。玉夏的“南兴最高贵——五行发糕”，那一句“阿妈好感动，菜脯也可以放在发糕里面”，令人印象深刻。素琼勇敢地站出来，略微颤抖地拿着麦克风，兴奋中夹杂着羞涩，叙说了“酷帅”评审看到她们参加烹调比赛的作品“雨过春笋”与“爱的礼物”，所流露出那一双叹为观止“惊奇的眼神”。事后才知道，她前一天熬夜撰稿至深夜两点半。

来春的幸福生活回忆与模范奶奶，着实令人羡慕。压轴的昭荣则以“看图说故事”的方式，分享一则“完美女性”故事——比花更美丽的奥黛丽·赫本，那一句“施予就是生活”，令人听来为之动容。还有牡丹真情至性地娓娓道来，一粒红与儿子的温馨亲情。只可惜翠华的“蓝迪之家”，没有来得及当场发表。

过程中还有一位默默为大家服务的可爱学员——丽玲，她每次都热心张罗讲师的茶水，替学员播放投影片。后来才得知，丽玲参加过说故事妈妈的专门培训，真希望丽玲能凝聚这一份“说故事”的感动力量，化身为“爱与热情”的播种者。

我虽没有教过大家“作家”的写作技巧，但是我们自由书写的发表，却是那样地真情流露。我虽没有教过大家“演说家”的演讲技巧，但是我们故事叙说的铺陈，却是那样地情真意切。我虽没有教过大家“演员”的表演技巧，但是我们声调与肢体的传达，却是那样地活灵活现。

人生无须惊天动地，快乐就好；

友谊无须甜言蜜语，想着就好；

金钱无须车载斗量，够用就好；

朋友无须遍及天下，有你就好。

谢谢芦竹乡家政妈妈们的热情参与，积极投入，人生因为有你们而变得更美好。曲终人散了，我们一起写下了历史和回忆，一个一个鲜活的故事出炉了。

你可曾因为引领风骚而感到心醉神摇?

你可曾因为拔尖绩效而感到意气风发?

你可曾因为万事俱备而感到此生无憾?

你需要的是说一个故事，

把喜、怒、哀、乐的感性情怀说出来。

你可曾因为世事纷乱而感到人心惶惶?

你可曾因为工作压力而感到失意挫折?

你可曾因为心灵彷徨而感到不吐不快?

找一个聆听的伙伴吧!

后记：锦凤是桃园某农会协助家政妈妈班级进行经营推广的指导员，家政班级包括刺绣、唱歌、摄影、烹调等。她发现这些妈妈一个个都是蕙质兰心、多才多艺，所以决定协助她们将这些精彩的过程记录并发表出来。于是，“说故事写作”这个念头浮上心头。因为唯有通过故事分享，才能将生活中的感性情怀流露出来，人生的“真善美”才能彰显。“生活写记班”因此诞生。

04 叙说童年往事，妙趣横生

叙说自己的童年故事，可以让听者快速了解自己的成长背景与鲜明个性。如果在故事的表达中穿插诙谐与幽默感的元素，更能让气氛融洽，场面温馨。

“池塘边的榕树上，知了在声声叫着夏天。操场边的秋千上，只有蝴蝶停在上面。”哼唱这首罗大佑的《童年》，让我们重温儿时的情怀。“还记得你说家是唯一的城堡，随着稻香河流继续奔跑。微微笑，小时候的梦我知道。不要哭让萤火虫带着你逃跑，乡间的歌谣永远的依靠，回家吧！回到最初的美好。”哼唱这首周杰伦的《稻香》，让我们想到儿时家的温暖。

还记得小学五年级的时候，学校规定每周有一次分组活动，课程包括了一些才艺学习，如音乐、美术、珠算、体育、歌唱、自然科学等。大概老师看我和班上的“冷面笑匠”许宝没有什么特殊才华，便把我们分派去学习珠算课程。我心想：天啊！我只会简单加法，一点点减法，至于乘法和除法都不会，这一定是一趟痛苦之旅。果不其然，每次的珠算课程都令我和许宝痛苦万分。每次老师都简单讲解一番后，就开始习作加减乘除的题目。我和许宝坐立难安，在座位上不断扭动躯体，既像两只蚂蟥，又像扭曲的麻花相互取暖。一学期下来，珠算也没有太大进步。

终于快熬到期末，最后一次上课，老师走进教室，手里拿着几盒包装精美的利百代铅笔。老师说：“各位同学，今天是最后一次上课，我要来测验一下你们的学习成果。题目共有十题，表现优异的同学可以获得奖品——一打利百代铅笔！”我和许宝听到测验不免沮丧，但听到“一打利百代铅笔”，眼睛不禁为之一亮。我们商量了一下，决定要努力拼一拼，赢得奖品。

老师开始出题。第一题：675＋478＋886=?

随后老师立即公布答案，并问大家“答对的请举手”。

接着，第二题：8845－6785＋4312－378=?

随后老师立即公布答案，并问大家“答对的请举手”。

接着，第三题：7865 × 342 ÷ 5 =?

随后老师立即公布答案，并问大家“答对的请举手”。题目越来越难，如此一番，十题测验完毕后，老师问大家：“刚才测验有没有十题全部答对的同学？”这时候，全班只有两个人“勇敢”地举手，这两位同学立刻上台接受老师颁赠的奖品——每人一打利百代铅笔。拿到了奖品后，我和许宝彼此会心地偷笑，立刻冲回家里。我把奖品拿给父亲炫耀一番，父亲高兴地称赞一番后，感性地对我说：“儿子啊！你真是我的好儿子，爸爸会好好培养你。”

成长经历中，有趣的校园生活、成功或失败的体验、精彩的冒险、莞尔动人的对话、难忘的人物等，这些都是说故事的好题材。故事中的行为并不可取，只不过想点出一个小男孩想要赢得父亲认同的方式罢了。选一件事情作为“单点突破”的切入点，故事就浮现出来了。

05 情窦初开的故事永流传

若我说，我爱你，这就是欺骗了你。若我说，我不爱你，这又是违背我心意。昨夜我想了一整夜，今宵又难把你忘记。总是不能忘呀，不能忘记你，不能忘记你，这就是爱情。

——《爱情》

十七岁高二的那年夏天，我被学校选中去参加在台湾“中央大学”举办的六天五夜的“科学研习营”。当时青涩羞赧的我，来到绿草如茵的台湾“中央大学”，好像呼吸到“海阔天空”的空气一般，不甚欣喜。生平第一次参加校外的团队活动，与来自全国各地高中遴选出来的学生一起学习，我自然是兴奋异常。毕竟和尚学校（男校）待久了，接触异性朋友难免怦然心动，小鹿乱撞。

刚开始由大哥哥、大姐姐担任辅导员，带领我们选举小队长、想队名、想口号，思考团队精神。接着是一连串紧凑的大地游戏、理化实验操作、上课讲座、天文观察等。活动丰富精彩，让我大开眼界。晚上伴着静夜星空，大伙儿围坐在校园的草坪上，数着星星看着月亮，弹着吉他，星夜下谈心。美好且令人悸动的时光，仿若细沙从指尖流过，总是快速且无声无息。时间悄悄地过了五天，在团队相处的过程中，我认识了一位来自武陵高中的女孩——静文。她戴着黑框眼镜，说话总是轻声细语，给人感觉清新脱俗，气质出众（后来才知道这种感觉叫做“情人眼中出西施”）。每次与她交谈，都感觉心有灵犀，一见如故。

六天的活动即将结束，难掩依依离情。离别前夕的土风舞蹈惜别会，我想抓住最后的时光创造一些记忆，可供日后怀念。当音乐声响起，我就立刻飞奔到静文面前，像绅士一般鞠躬，对心仪的淑女邀舞，她也爽快地答应我所有舞曲的邀约。我们在共舞时，眼中都是情意，早已把彼此幻化为王子与公主，仿佛我们才是整场舞会的主角，旁人只不过是陪衬而已。虽然步履笨拙，但两情相悦之际，轻柔曼妙的支支舞曲，写下的尽是互诉衷曲、纯纯的爱。

在曲终人散之际，我鼓起勇气向她要了地址（可悲那没有手机的年代），她也毫不犹疑地写给我。结束营队活动后，我返家立刻写了一封自认为“文情并茂”的信给她，热切地等候回音，并开始编织未来的两人世界。

信已寄出，开始等待。日子一天一天过去，竟然音讯全无，我的沮丧落寞可想而知。没想到一段美丽的际遇，就这样胎死腹中。我强打起精神，挥别这段记忆，开始进入高三冲刺大学联考。日子一天一天过去，我也一路走过了大学、研究生，进入了职场。

二十年后，我三十七岁了，在职场担任一个小主管，生活顺遂。有一天父亲语重心长地对我说：“宏裕啊！你今天有这番成就，爸爸也功劳不小啊！爸爸从小督促你念书，管教你交朋友，你才能心无旁骛，把书念好。”

接着，他又对我说：“喔！对了，跟你提一下，在你高二那年的夏天，有一天我接到一封从中坜寄来给你的信，我拆开一看是一个女孩子写来的，里面尽是浓情蜜意的字眼。我怕你看了会意乱情迷，影响课业，于是就把信撕掉了，当时也没有告诉你。今天才告诉你，我想你应该能体会爸爸的用心良苦吧！”

天啊！听到这句饱含深意的“用心良苦”，我的愤怒之情充满胸臆，久久不能自已。二十年的悬案水落石出，我不知道要用张宇那首《用心良苦》，还是杨峻荣那首《情书团》（已经撕碎的），来安慰自己激动的情绪。

然而想想父亲的一生，他胼手胝足地经营小生意支撑整个家计，父亲的辛苦不言而喻。事隔多年，再次回想那一段青涩恋情，我决定唱这首《牵挂》："数着片片的白云，我离开了你，却把寸寸的相思，我留给了你……"来纪念那一段往日情愫。

爱情是人与人之间强烈的依恋、亲近与向往的情感。故事叙说的过程中，运用了"重新框架"（reframing），将父亲的侵犯隐私权，重新框架为"关心你"、"为你好"，如此赋予某一行为另一层意义，而超越了行为本身之事实。

这另一层意义是书里写的那般："爱是恒久忍耐又有恩慈，爱是不嫉妒、不自夸、不张狂、不做害羞的事。不求自己的益处，不轻易发怒，不计算人的恶，不喜欢不义，只喜欢真理。凡事包容，凡事相信，凡事盼望，凡事忍耐。爱是永不止息。"

06 世界角落的这些人、那些事 

人的一生是短的，但如果卑劣地过这一生，就太长了。

——莎士比亚

世界角落的这些人、那些事，总让人感到：人间自是有温情。

台湾陈树菊阿嬷卖菜背后的乐善好施，告诉我们："生命不是等待大风大雨过去，而是学习如何在雨中漫舞。"

孟加拉国尤努斯博士倡导的小额信用贷款，帮助数百万穷人成功脱贫的故事告诉我们："穷人也值得被信任，我们要建立一个比自己生命更长久的志向。"

特里萨修女为贫苦又重病的街民开办的"穷人之家"，告诉我们："用不平凡的爱做平凡的事。"

一九一二年四月十五日凌晨，世界上最大的海轮"泰坦尼号"沉入大西洋中，一千五百多名旅客丧生。约翰·哈普尔牧师也是船上乘客之一，因为他接受了芝加哥慕迪教会的邀请，准备去芝加哥讲道。

四月十四日晚上，当泰坦尼号撞上冰山之后，他立刻把六岁的女儿送上救生船。他弯腰与女儿吻别，告诉她，爸爸还会见到你的。夜空中闪烁的星光，映照着他满脸的泪水，伴着甲板上《靠近十架》的圣乐，他转身回到沉船上慌乱、绝望的人群中去了。当船身开始慢慢倾斜时，人们看见他冲上前去喊道："让妇女、儿童和身有残疾的人先上救生船。"几分钟后，这艘巨轮就轰然断成两截了。一千五百多名旅客纷纷坠入海中，在冰冷彻骨的海水中浮沉，哈普尔牧师也在其中。

在冰冷的海水中，他脱下自己的救生衣递给另外一个人说："你比我更需要这个。别为我担心。"哈普尔牧师在生命的最后关头，仍然想着把希望留给别人。冰冷的海水中，他从一个旅客游向另一个旅客，查看大家的情况。此时有一个年轻人爬上了一块船体的碎片。哈普尔牧师在水中挣扎着靠近他，喊道："你怎么样？""不太好。"年轻人答道。于是哈普尔牧师大声喊着鼓励的话："只要你不放弃希望坚持下去，就一定会得救的。"年轻人没有回答。转眼间他就被海水冲远了。过了几分钟，水流又把两个人聚集到一起。

哈普尔牧师再一次问他："你怎么样了？"

年轻人答案仍旧是："不太好。"

哈普尔牧师用尽他最后一口气喊道："再坚持一下，你必得救。"

然后他就永远消失在海水中了。就在哈普尔牧师被海浪冲走的那一刻，在那一片漆黑的海洋中，这个年轻人决定把自己的生命牢牢握住。四年以后，"泰坦尼号"的所有生还者在加拿大多伦多聚会。这个年轻人流着泪讲述约翰·哈普尔牧师如何在自己生命的最后瞬间，鼓励他不放弃希望的故事。

这个真实的故事，记载在《泰坦尼号上最后的英雄》上，闻者为之动容，听者为之垂泪。故事的叙述手法富有节奏性：从撞上了冰山、船身开始倾斜，到轰然断成两截。接着，让妇女、儿童和身有残疾的人先上救生船，脱下自己的救生衣递给另外一个人，在海中浮浮沉沉还不忘记鼓励他人，最后牧师牺牲，年轻人生还后流泪作见证等，都铺陈了故事的转折点。

这世上每天都上演着悲欢离合、生老病死的情节。在这些情节中，总有一些人，做的一些事，令人感到厌恶愤恨。但也总有一些人，做的一些事，让人感到温暖。灾难来临时，人们抢着上救生船，当人们只想着救自己的时候，约翰·哈普尔牧师为了使更多的人得救，而献出了自己宝贵的生命。在时间不断流逝的过程中，时间累积了生命，生命创造了故事。这些温暖动人的故事将永远流传，形成一股正面积极的力量。

07 梦幻骑士的信念

故事描述或沟通感官经验，呈现自己的心路历程。故事，通过对话质疑或支持自己的信念，尝试新的可能性。

——麦可 · 洛伯特

有一个名叫史蒂夫的小男孩，从小喜欢阅读故事书。有一次他翻到一本看不懂书名的书，书中的故事是这样写的。

在西班牙的拉曼查村庄里，住着一位穷绅士，因为他对于骑士传奇的小说深深着迷，梦想当一名游侠骑士，所以拼凑了一副破烂不堪的盔甲，手执一枝长矛和盾牌，骑上家中一匹瘦马，带着邻居桑丘充当侍从，准备开始行侠仗义、浪迹天涯的人生。

那位穷绅士为自己取名堂吉诃德，把他的瘦马取名为驽骍难得，把他暗恋的村庄里的女孩取名为杜尔西内娅。在堂吉诃德的眼中，杜尔西内娅是尊贵美丽的公主。

堂吉诃德一心想要除暴安良、扶危济贫、主持正义。在他眼中，旅店幻化成一座城堡，野地的风车是一个巨人，路上掀起尘土的羊群是强悍的军队，铜盆是坚固的头盔。堂吉柯德总是没头没脑地提矛冲杀，每一次的结局都是灰头土脸，受伤流血，狼狈不堪。在与白月骑士比武落败后，他心不甘情不愿地骑上瘦马，与桑丘一路垂头丧气地回家。回家不久后，他终于从梦幻中苏醒过来，就此结束一生。他的好友最后给他的评价是："高尚贵族，英勇绝伦，身经百难，震撼寰宇。"

小男孩读到此，百感交集。

多年后，小男孩长大成人。历经职场丛林生涯，最后辗转进入工坊工作。在刚踏入顾问讲师行业时，他也曾花了一年半时间，遍览近一百本团队建立相关群书，于二零零五年出版了第一本书《团队建立计分卡》。在受邀"二零零五年中国人力资源博览会"发表演讲的那天，他站在苏州展览馆外，抬头望着天空，觉得天好蓝。他仿佛听到内心的波涛汹涌："抢占历史第一定位，赢得华人民族之光。"该是多年前种下"堂吉诃德"知其不可为而为之的因子又在蠢蠢欲动吧！

多年后，史蒂夫已是知天命之年，当他重新阅读《堂吉诃德》的故事后，有了更深刻的理解。故事中那位善良、正直、勇敢的堂吉诃德，幻想利用腐朽没落的骑士精神来改造现实社会，却屡遭挫败。虽然故事中他是一个脱离现实、爱幻想、不切实际的悲剧英雄，却也表达了一种在当时的时代背景下，同情人民、反对剥削、向往自由的人文主义思想。

其实，这位史蒂夫就是我自己成长故事的缩影。当这个社会逐渐浮现"理性有余，感性不足"的现象时，是否更会怀念这位梦幻骑士的精神呢？苏联文学家高尔基曾经说过："称一个人为堂吉诃德，是对此人的最高赞誉。"

后 记

发现、看见、实践——说故事的美丽人生

“每一个人在生命的某个阶段，都会有这样的感受：内心的火熄灭了。这时与另一个人的不期而遇，或许能让它重新点燃。对于那些能够重新点燃我们心灵之火的人，我们将永远感激。”这一段话来自“非洲丛林医生”史怀哲博士。

二零一三年的九月，我受台东县政府的邀请，为三百多位幼儿园小朋友说绘本故事。活动名称是“‘婴’阅响‘启’”，倡导婴幼儿阅读起步、亲子共读绘本。虽然在企业内讲授“说故事营销”、“说故事的领导力”、“说故事学激励”已有多年经验，但跟小朋友讲绘本故事却是头一回。我生怕讲不好，辜负主办单位期望，因此内心忐忑不安。我找了一本《我变成一只喷火龙了！》的故事书，仔细阅读，并揣摩故事情节。

当天搭了早班飞机飞往台东，当时感冒未愈，忽冷忽热，喉咙发炎加上头痛，一路上只能暗自祈祷。不多时，来到宽敞会场，看到幼儿园小朋友鱼贯进场，他们的银铃笑声、童言童语是我最好的安神良药。活动开始，首先由县长夫人朗读故事，并带领故事妈妈们，配合声光、服饰、道具，边说边演，极为精彩。小朋友们看得目瞪口呆，笑逐颜开。看到这一幕，我不禁冷汗直流。因为我单枪匹马，没有任何声光道具与人员搭配，深恐在气势上落败，引不起孩子们的

兴趣。

硬着头皮上场，我开始装可爱。我手舞足蹈地讲了第一句话："好久好久以前，有一只会传染喷火病的蚊子，嘴巴尖尖长长，叫做波泰。波泰最喜欢吸爱生气的人的血。"话刚出口，没想到台下三百多位小朋友竟然开始比手画脚，有模有样地学着蚊子。这一举动给了我很大的信心，于是我又接着讲："古怪国的阿古力是一只很高大的绿色怪兽，很爱生气。有一天一大早，阿古力就被波泰叮了一个包，他当然非常生气。阿古力大叫一声，喷出了大火，哇！变成一只喷火龙了！"小朋友又立刻有模有样地学着怪兽喷火龙。至此，我终于与他们一起沉醉在故事的魔法森林，同时，我也在小朋友一双双欢乐且好奇的眼睛中，找到了自信与鼓励。

一晃，近三年的时光。但我永远不会忘记，孩子们给我的热烈掌声和纯真笑容。对于那些能够重新点燃我心灵之火的小朋友们，我将永远感激，并真心祝愿每一个小朋友都有机会成为"小小爱书人"。

我发现：故事启发了想象力、同理心、幽默感与正向思考。

我看见：这个时代需要更多高感性、高关怀的人。

我实践：在每一个平凡的日子里，我喜欢听故事、说故事、写故事。

每次出版一本书，我都要对生命中的贵人，表达诚挚的感谢。尤其是对在说故事营销的经历中，我曾经授过课的那些人（企业、组织、政府与学校单位）：国基电子（上海）有限公司、友达光电股份有限公司、仁宝电脑、英业达股份有限公司、席梦思、台湾中国信托人寿、Luxgen纳智捷汽车、金百利克拉克、盛余钢铁、教育事务主管部门信息志工营运中心、经济事务主管部门2013年度地方产业发展基金、中卫发展中心、邓白氏、日商OZAKI、慈济大爱电视台、台湾第一基金会、上奇科技、台新银行、华邦电子、台湾信息软件协会、纺织研究所、联合利华、狮子会、扶轮社、亚太联谊协会、资策会、宜兰县政府观光工厂、台湾中华人事发展协会、宜兰县政府壮围观光工厂、台湾“国立公共信息图书馆”、英泰广告、交通事务主管部门高公局、职工福利、汐止农会、台北教育大学、文化大学推广部、大专生涯发展协会、仁爱国中家长会、桃园芦竹妈妈家政班等。

其次，感谢业界朋友：蔡丽玲总编、李宛真编辑、乔培伟总裁、李云万副局长、蔡文彬博士、林建山社长、罗国书副组长、苏俊贤经理、李坤处长、赵格慕副科长、萧世贵总经理、吴桂龙总经理、张秉祖顾问、邢宪生顾问、江德勤总监、赵日新副总、严淑女老师、金明玮女士、简郡妤女士、黄雯欣经理、傅馨巧经理、俞人凤女士、张嘉慧主任、吴佩芬女士、吴如珊董事、罗奇维经理、戴春美女士、连玉华女士、陈妍廷女士、许瑜真女士、江玉瑛经理、徐俪慈女士、陈谦老师、陈艾妮女士、郭慎贤助理、张赛青科长、林立昌科长、陈星洲副总、林美秀科长、江博煜先生等。

最后，谨以此书献给我挚爱的父母与岳父母，感谢他们的支持与包容，以及妻子Ruby给予的鼓励。愿我们都成为“新一千零一夜”的说故事人，传扬真、善、美，直至永久！